サブレ、ビスケット、クッキー
天板1枚から焼ける、本場の味わい

青山 翠

SABLÉS, BISCUITS, COOKIES

家の光協会

はじめに

　古い昔の台所で、母がときどき焼いていたクッキーの味を今でも覚えています。子どものころからお菓子作りが好きだった私はあるとき思い立ち、会社勤めを辞めてパリの製菓学校に入りました。この体験でますます興味関心はかきたてられて、フランスにとどまらず、ヨーロッパ各国、アメリカ、アジアの国々へとお菓子を訪ね歩き、いつしか旅先での発見を私なりに再現してみることが課題となりました。

　現在は、フランス・ボルドー郊外の自宅教室と日本帰国時の集まりでフランス菓子をお教えしていますが、その傍らでご参加のみなさんに世界中のお菓子を紹介し、味わっていただくことが探求の励みとなっています。

　世界中どこを訪ねても、お茶やコーヒーに添えられる小ぶりな焼き菓子、「サブレ、ビスケット、クッキー」の類いとの出合いがあります。各地で定番とされるものは、形や厚み、かたさやもろさ、甘み、風味など、それぞれに欠かせない特徴があります。また、現地の人々の暮らしに根づいていて、土地柄や食のシーンも味わいのうちという印象があります。

　本書では、日本で一般にクッキーと総称されるこれらのお菓子を、フランスのサブレ、イギリスのビスケット、アメリカのクッキーと、代表的な３つのルーツに分け、それぞれに味や特色を紹介しています。おなじみのものから個性的なものまで、本場の味にこだわりつつも、少量仕込みのレシピで作りやすさを心がけました。まずは気軽にさまざまな味をお試しいただければと思います。

　基本のノウハウをアレンジして、好みに作ることができるのもホームメイドならでは。形、風味、具材などを自在に替えて、どうぞご自身やご家族、周りの方のお気に入りの味をみつけてください。この本がお菓子作りという楽しく果てしない旅のガイド、一助となれば幸いです。

青山 翠

CONTENTS

07 SABLÉS
サブレ

- 02　はじめに
- 84　サブレ／ビスケット／クッキー作りの ABC
　　本書のお菓子作りの基本
- 94　本書のおもな材料
- 95　本書のおもな道具

- お菓子を作り始める前に、p.84-93の
  「本書のお菓子作りの基本」をぜひお読みください。
- 本書で使用しているおもな材料、道具、型については、
  p.94-95を参照してください。
- 小さじ1は5ml、大さじ1は15mlです。
- オーブンはガスコンベクションオーブンを使っており、
  温度や焼成時間は目安です。

08, 10　プチサブレ
　　　　 Petits sablés

12　サブレナンテ
　　 Sablés Nantais

14　くるみとレーズンのサブレ
　　 Sablés aux noix et aux raisins

16　パレブルトン
　　 Palets Bretons

18　リュネット・ド・ロマン
　　 Lunette de Romans

　　 サブレディアマン
20, 22　サブレディアマン・バニーユ
　　　　 Sablés diamant à la vanille

21, 23　サブレディアマン・ショコラ
　　　　 Sablés diamant au cacao et fleurs de sel

　　 サブレオランデ
24, 26　サブレオランデ・ダミエ
　　　　 Sablés Hollandais Damiers

24, 28　サブレオランデ・スピラル
　　　　 Sablés Hollandais Spirales

30, 32　アーモンドヌガーの
　　　　 サブレヴィエノワ
　　　　 Sablés Viennois au cœur nougatine

31, 33　コーヒー風味のサブレヴィエノワ
　　　　 Sablés Viennois au café

34　アールグレイ風味のラング・ド・シャ
　　 Langue de chat au thé

　　 サブレ生地で気軽にタルト作り
36　サブレブルトンのいちごタルト
　　 Tarte aux fraises sur sablé Breton

39 BISCUITS
ビスケット

69 COOKIES
クッキー

40, 42　ダイジェスティブビスケット
Digestive biscuits

44, 46　ティービスケット
Tea biscuits

48　シナモンビスケット
Homemade BISCOFF

50　デヴォンフラット
Devon flats

52　オートミールビスケット
Homemade HOBNOBS

54　ジンジャーナッツ
Ginger nuts

56, 58　バーボンクリームビスケット
Homemade Bourbon cream biscuits

60　ガリバルディビスケット
Garibaldi biscuits

62, 64　スコティッシュ・ショートブレッド
Scottish shortbread

ショートブレッドを贈りものに
66　レモンショートブレッド
　　アイシングバー
Lemon shortbread icing bars

チョコチップクッキー
70, 72　ピーナッツバター チョコチップクッキー
Peanut butter chocolate chip cookies

71, 73　チューウィーダブル チョコチップクッキー
Chewy double chocolate chip cookies

74　ヴィーガンオートミール
　　フルーツクッキー
Vegan oatmeal fruits cookies

クリンクルクッキー
76　レモンクリンクルクッキー
Lemon crinkle cookies

76　チョコレート
　　クリンクルクッキー
Chocolate crinkle cookies

78　コーヒーケイククッキー
Coffee cake cookies

80　ピーカンバターボール
Pecan butter balls

82　ココナッツマカルーン
Coconut macaroons

SABLÉS
サブレ

　「サブレ」とは砂を意味するフランス語の「Sable（サーブル）」から派生した言葉で、サラサラとした食感を持つフランスの焼き菓子を指します。特徴は、バターや卵などの油脂分を多めに配合してあり風味が豊かなこと、そして軽い塩気が素材の味を引き立てていること。食感の面では、さっくりとした独特のもろさを持ち、粉をまとったバターの粒が口の中でサラサラとほどける口溶けのよさが魅力です。

　この章では、バター、全卵、小麦粉、砂糖を主材料とする基本的な配合に加え、卵黄か卵白の片方を使うレシピ、アーモンドパウダーを加えるレシピ、ナッツやドライフルーツなどの副材料を加えるレシピなど、さまざまなタイプのサブレをご紹介します。

　ブルターニュ、ノルマンディー、ポワトゥ＝シャラントなど、フランスの名高いバターの産地は、おいしいサブレが有名な地域でもあります。フランスのバターは製造過程で生乳に乳酸菌を加える発酵バターが主流です。サブレ作りにはぜひ発酵バターをお使いください。芳醇な香りを楽しむことができます。

プチサブレ
Petits sablés

パリの人気ブーランジュリー（パン屋さん）「ポワラーヌ」風の、
小麦粉、バター、卵の3素材の持ち味をバランスよく味わえる、
素朴な風合いのサブレです。フランスのブーランジュリーでは、
焼き色の濃いものと浅いものが一緒に並び、お客が好みのものを選びます。
好みの焼き加減でお楽しみください。

作り方：p.10-11

プチサブレ

材料（直径4.5cmの菊型 28枚分）
発酵バター（食塩不使用）… 55g
塩（焼き塩）… 0.4g（小さじ1/12）
粉砂糖 … 45g
卵 … 20g
薄力粉 … 100g
ベーキングパウダー … 1.2g（小さじ1/3弱）

下準備
・バターは指で押すと軽い抵抗を感じながらも中に入り、中心に冷たさが残るくらいにもどす 。
・卵は常温（20〜22℃）にもどす。
・天板にシルパン（またはオーブンペーパー）を敷く。
・オーブンは170℃に予熱する。

1.
ボウルにバターと塩を入れ、ゴムべらで練り混ぜてクリーム状にする。

2.
粉砂糖を2回に分けて加え、その都度ゴムべらで混ぜ込む。
➡ 一度に加えると粉砂糖が飛び散って混ぜにくいため、2回に分ける。

3.
卵を2回に分けて加え、その都度ゴムべらでよく混ぜてなめらかに乳化させる。
➡ 一度に加えると分離しやすいため、2回に分ける。

4.
薄力粉とベーキングパウダーを合わせてふるい入れる。

5.
粉の上からゴムべらで切り込み、生地を底からすくい返すことをくり返して粉気がなくなるまで混ぜる（切り混ぜ／p.87）。

6.
粉気がなくなって水分が全体に行きわたると、生地の色が黄色っぽくなる。

7.
生地をひとまとめにし、ゴムべらで少しずつ崩してボウルの内側にすりつける。まとめてはすりつけることを2〜3回くり返す(フレゼ／p.87)。

8.
生地をまとめてラップで包んで厚さ約3cmの四角にし、冷蔵庫で3時間〜半日休ませる。

9.
冷蔵庫から出し、ラップ越しに麺棒で生地をまんべんなく叩いて少しやわらかくし、厚みを半分くらいにする。

10.
作業台にオーブンペーパーを敷き、打ち粉をして生地を置く。生地にラップをかけ、両脇に4mmのルーラーを置いて麺棒で厚さ4mmにのばす。

11.
生地が温まってやわらかくなっていたら、ラップをかけたまま平らな板にのせて冷凍庫で5〜10分冷やす。

12.
ラップをはがし、直径4.5cmの菊型で抜く。
→残った切れ端は集めて10〜12をくり返して抜く(その間、すでに抜いた生地は冷蔵庫に入れておく)。

13.
準備した天板に間隔をあけて並べる。

14.
170℃に予熱したオーブンで10〜12分焼き、縁に焼き色がつき始めたら160℃に下げ、全体に薄めの焼き色がつくまでさらに5〜10分焼く。網に移して冷ます。

Memo 好みの型で抜いて

サブレの型はフランスにも日本にもさまざまなものがあり、型選びもまた楽しいもの。ぜひお好きな型で抜いてください。写真は小鳩の形をしたもの。型がなければ、ナイフやパイカッターで切ってもよいでしょう。

サブレナンテ
Sablés Nantais

大西洋に注ぐロワール川河畔の町、ナント発祥のサブレ。
パレブルトン(p.16)など、隣県ブルターニュ地方のお菓子と同じく、
発酵バターのコクと塩気、格子模様が特徴です。
現地では直径10cmほどの大ぶりなものもあります。

材料(直径6cmの菊型 12〜13枚分)
発酵バター(食塩不使用)… 50g
塩(ゲランドのフルール・ド・セル)
　… 0.4g(小さじ1/10)
粉砂糖 … 45g
卵黄 … 15g
牛乳 … 3g
薄力粉 … 90g
ベーキングパウダー … 1.2g(小さじ1/3弱)
【つや出し液】
卵黄 … 12g
水 … 1.3g(小さじ1/4)
インスタントコーヒー粉 … 0.5g(小さじ1/4)
湯 … 数滴

下準備
・バターは指で押すと軽い抵抗を感じながらも中に入り、中心に冷たさが残るくらいにもどす。
・卵黄は常温(20〜22℃)にもどす。
・つや出し液を作る。インスタントコーヒー粉を数滴の湯で濃いめに溶く。卵黄と分量の水を混ぜ合わせ、コーヒー液を加えて混ぜる ⓐ。
　→コーヒーは風味づけのためではなく色づけのため。
・天板にシルパン(またはオーブンペーパー)を敷く。
・オーブンは170℃に予熱する。

1. ボウルにバターとフルール・ド・セルを入れ、ゴムべらで練り混ぜてクリーム状にし、粉砂糖を2回に分けて加え、混ぜ込む。卵黄と牛乳を加え、ゴムべらでよく混ぜてなめらかに乳化させる。

2. 薄力粉とベーキングパウダーを合わせてふるい入れ、粉気がなくなるまで切り混ぜ(p.87)、フレゼ(p.87)して均一な状態にする。

3. 生地をまとめてラップで包んで厚さ約3cmの四角にし、冷蔵庫で3時間〜半日休ませる。

4. 冷蔵庫から出し、ラップ越しに麺棒で生地をまんべんなく叩いて少しやわらかくし、厚みを半分くらいにする。

5. 作業台にオーブンペーパーを敷き、打ち粉をして生地を置く。生地にラップをかけ、麺棒で厚さ5mmにのばす。
　→生地がダレたら冷凍庫で5〜10分冷やす。

6. ラップをはがして直径6cmの菊型で抜く ⓑ。オーブンペーパーを敷いた平らな板に並べ、刷毛でつや出し液を塗る。冷蔵庫に20〜30分入れ、液がほぼ乾いたらもう一度塗る ⓒ。

7. 準備した天板に並べ、フォークでNの字の模様をつける ⓓ。
　→フォークの先で生地の表面をつや出し液ごと削り取り、フォークについた生地をその都度ふき取って作業する。

8. 170℃に予熱したオーブンで15〜18分焼いて全体に焼き色をつける。網に移して冷ます。

ⓐ

ⓑ

ⓒ

ⓓ

くるみとレーズンのサブレ
Sablés aux noix et aux raisins

サブレ生地にナッツやドライフルーツを加えると、
味わいも食感もさらに広がります。ここではくるみとカレンズを使い、
相性のよいシナモンも加えて風味よくまとめます。

材料(直径6cmの丸型 10〜11枚分)
発酵バター(食塩不使用)… 50g
塩(焼き塩)… 0.7g(小さじ1/7)
きび砂糖… 35g
卵… 7g
はちみつ… 3g
ラム酒… 4g
薄力粉… 70g
アーモンドパウダー… 20g
シナモンパウダー… 1.8g(小さじ1)
くるみ(素焼き)… 20g
カレンズ(または5mm大に刻んだレーズン)… 20g
【つや出し液】
卵… 15g(大さじ1)
インスタントコーヒー粉… 0.5g(小さじ1/4)
湯… 数滴

下準備
・バターは指で押すと軽い抵抗を感じながらも中に入り、中心に冷たさが残るくらいにもどす。
・卵は常温(20〜22℃)にもどす。
・くるみは5mm大に刻む。
・つや出し液を作る。インスタントコーヒー粉を数滴の湯で濃いめに溶き、卵と混ぜ合わせる。
　→コーヒーは風味づけではなく色づけのため。
・天板にシルパン(またはオーブンペーパー)を敷く。
・オーブンは170℃に予熱する。

1. ボウルにバターと塩を入れ、ゴムべらで練り混ぜてクリーム状にし、きび砂糖を2回に分けて加え、混ぜ込む。卵、はちみつ、ラム酒を加え、さらによく混ぜてなめらかに乳化させる。

2. 薄力粉、アーモンドパウダー、シナモンパウダーを合わせてふるい入れ 、切り混ぜ(p.87)する。粉気が少し残っている状態でくるみとカレンズを加え 、粉気がなくなるまで同様に混ぜる。

3. 生地をひとかたまりにし、フレゼ(・p.87)して均一な状態にする。生地をまとめてラップで包んで厚さ約3cmの四角にし、冷蔵庫で3時間〜半日休ませる。
　→くるみとカレンズをつぶさない程度の力加減でフレゼする。

4. 冷蔵庫から出し、ラップ越しに麺棒で生地を軽く叩いて厚みを半分くらいにする。

5. 作業台にオーブンペーパーを敷き、打ち粉をして生地を置く。生地にラップをかけ、麺棒で厚さ5mmにのばす。
　→生地がダレたら冷凍庫で5〜10分冷やす。

6. ラップをはがして直径6cmの丸型で抜く 。準備した天板に並べ、刷毛でつや出し液を塗る 。

7. 170℃に予熱したオーブンで15〜18分焼く。濃いめの焼き色がついたら取り出し、形がゆがまないようにシルパンごと網に移して冷ます。

パレブルトン
Palets Bretons

ブルターニュ地方の伝統的なサブレです。この地方一帯はバターと海塩の名産地。
コクのある発酵バターとまろやかでミネラルが豊富なフルール・ド・セルを使い、
ご当地風につや出し液を塗らずに仕上げます。

材料（直径5cmの丸型 9個分）
発酵バター（食塩不使用）… 60g
塩（ゲランドのフルール・ド・セル）… 1g（小さじ1/4）
粉砂糖 … 45g
卵黄 … 15g
ラム酒 … 6g
薄力粉 … 70g
アーモンドパウダー … 20g
ベーキングパウダー … 2.3g（小さじ1/2強）

下準備
・バターは指で押すと軽い抵抗を感じながらも中に入り、中心に冷たさが残るくらいにもどす。
・卵黄は常温（20〜22℃）にもどす。
・直径5〜5.5cmの製菓用アルミケースを用意する。
・オーブンは170℃に予熱する。

1. ボウルにバターとフルール・ド・セルを入れ、ゴムべらで練り混ぜてクリーム状にする。

2. 粉砂糖を2回に分けて加え、その都度泡立て器でよく混ぜる。卵黄とラム酒を加え、空気を含ませるように混ぜて乳化させる。
   ➡ 空気を含ませてサクサクと軽やかな食感にする。

3. 薄力粉、アーモンドパウダー、ベーキングパウダーを合わせてふるい入れ、粉気がなくなるまで切り混ぜ（p.87）し、フレゼ（p.87）して均一な状態にする。生地をまとめてラップで包んで厚さ約3cmの四角にし、冷蔵庫で3時間〜半日休ませる。

4. 冷蔵庫から出し、ラップ越しに麺棒で生地をまんべんなく叩いて少しやわらかくし、厚みを半分くらいにする。

5. 作業台にオーブンペーパーを敷き、打ち粉をして生地を置く。生地にラップをかけ、麺棒で厚さ1cmにのばす。
   ➡ 生地がダレたら冷凍庫で5〜10分冷やす。

6. ラップをはがして直径5cmの丸型で抜く ⓐ。アルミケースに入れて天板に並べる ⓑ。
   ➡ アルミケースに入れることで焼成中に横に膨らむのを防ぐ。

7. 170℃に予熱したオーブンで8分焼き、160℃に下げてさらに15〜20分焼く。中まで火が通って全体に焼き色がついたら焼き上がり。ケースのまま網に移して冷ます ⓒ。

リュネット・ド・ロマン
Lunette de Romans

フランス南東部ロマン＝シュル＝イゼールの町のサブレです。
「リュネット」は眼鏡の意味で、2つの穴からのぞくジャムがレンズ。
時間がたつにつれてジャムの水分がサブレに移るため、
ジャムはしっかりと水分を飛ばしましょう。

材料
（長径7.5×短径5.5cmの波形舟型 12枚分＝6組分）

発酵バター（食塩不使用）… 60g
塩（焼き塩）… 0.4g（小さじ1/12）
粉砂糖 … 35g
卵 … 20g
薄力粉 … 100g
アーモンドパウダー … 20g
ベーキングパウダー … 1.2g（小さじ1/3弱）

【サンド用ジャム】
ブルーベリージャム … 100g
レモン汁 … 5g（小さじ1）

【仕上げ】
粉砂糖 … 適量

下準備
- バターは指で押すと軽い抵抗を感じながらも中に入り、中心に冷たさが残るくらいにもどす。
- 卵は常温（20〜22℃）にもどす。
- 天板にシルパン（またはオーブンペーパー）を敷く。
- オーブンは170℃に予熱する。

1. ボウルにバターと塩を入れ、ゴムべらで練り混ぜてクリーム状にし、粉砂糖を2回に分けて加え、混ぜ込む。卵を2回に分けて加え、その都度よく混ぜてなめらかに乳化させる。

2. 薄力粉、アーモンドパウダー、ベーキングパウダーを合わせてふるい入れる。粉気がなくなるまで切り混ぜ（p.87）し、フレゼ（p.87）して均一な状態にする。生地をまとめてラップで包んで厚さ約3cmの四角にし、冷蔵庫で3時間〜半日休ませる。

3. 冷蔵庫から出し、ラップ越しに麺棒で生地をまんべんなく叩いて少しやわらかくし、厚みを半分くらいにする。

4. 作業台にオーブンペーパーを敷き、打ち粉をして生地を置く。生地にラップをかけ、麺棒で厚さ4mmにのばす。
   ➡ 生地がダレたら冷凍庫で5〜10分冷やす。

5. 7.5×5.5cmの波形舟型で抜く **ⓐ**。オーブンペーパーを敷いた板に並べ、半分の生地に直径2cmくらいの丸い穴を2つずつあける（**ⓑ**・口金の付け根を利用）。

6. 用意した天板に穴なし、穴あき両方の生地を並べ、170℃に予熱したオーブンで10〜12分焼き、薄い焼き色がつき始めたら160℃に下げ、全体にほんのりと焼き色がつくまでさらに5〜10分焼く。網に移して冷ます。

7. サンド用ジャムを作る。耐熱容器にブルーベリージャムとレモン汁を入れて混ぜ、電子レンジでぐつぐつと沸くまで加熱して水分をしっかりと飛ばし、粗熱をとる（**ⓒ**・ドロリとした状態になる）。

8. 穴なしサブレに**7**を塗る **ⓓ**。穴あきサブレに茶漉しで粉砂糖をふってジャムをはさむ **ⓔ**。

サブレディアマン・バニーユ
Sablés diamant à la vanille

サブレディアマン
Sablés diamant

「ディアマン」とはフランス語でダイヤモンドのこと。
その名のとおり、まぶしたグラニュー糖がきらきらと光ります。
バターの配合比の多いやわらかい生地なので、型抜きではなく
棒状に冷やし固めて切り分けるアイスボックススタイルに向いています。
ここではフードプロセッサーを使うレシピをご紹介。
バターがやわらかくなる前に、短時間で混ぜ上げられるため、
よりほろほろサクサクした心地よい食感に仕上がります。
バニラ、塩でカカオの味を際立たせたショコラの2種の風味をお楽しみください。

作り方：p.22-23

サブレディアマン・ショコラ
Sablés diamant au cacao et fleurs de sel

21

サブレディアマン・バニーユ

材料（直径4cm 15〜16枚分）
発酵バター（食塩不使用）… 50g
A
　薄力粉 … 60g
　アーモンドパウダー … 15g
　きび砂糖 … 25g
　バニラビーンズ … 1/3〜1/2本
卵黄 … 8g
塩（焼き塩）… 0.3g（小さじ1/16）
グラニュー糖 … 適量

下準備
・バターは指で強く押すとへこむくらいにもどす（18〜19℃）。
・バニラビーンズはさやを切り開き、ナイフの刃先で種子をこそげ出してきび砂糖に混ぜる 。
・天板にシルパン（またはオーブンペーパー）を敷く。
・オーブンは180℃に予熱する。

1.
フードプロセッサーにAを入れて2、3回攪拌し、粉類を均一に混ぜる。バターを1.5cm大にちぎって加える。

2.
粉チーズ状になるまで攪拌する。

3.
卵黄と塩をゴムべらで混ぜて2に加える。粉気がなくなってかたまりができるまで断続的に攪拌する。

4.
ボウルに取り出し、ゴムべらで少しずつ崩してボウルの内側にすりつける。まとめてはすりつけることを2〜3回くり返す（フレゼ／ p.87）。

5.
生地を手でまとめ、軽くもんで約16cm長さの棒状に整え、ラップにのせる。

6. ラップで巻きながら太さを均一に整える。両端のラップをねじってきつく締め、円柱状に整える。冷蔵庫で1時間以上休ませる。

7. バットにグラニュー糖を広げ、6の生地を押しつけながら転がしてたっぷりまぶす。

8. 端を切り落とし、厚さ8〜9mmの輪切りにする。

9. 正円に形を整え、準備した天板に並べる。

10. 180℃に予熱したオーブンに入れ、170℃に設定し直して10分焼き、160℃に下げて薄い焼き色がつくまで5〜8分焼く。シルパンごと網に移して冷ます。
➡ 熱いうちに無理にシルパンからはがさない。

サブレディアマン・ショコラ

材料(直径4cm 15〜16枚分)
発酵バター(食塩不使用)…50g
A
  薄力粉…55g
  アーモンドパウダー…6g
  きび砂糖…25g
  カカオパウダー…6g
卵黄…8g
塩(焼き塩)…0.5g(小さじ1/10)
ダークチョコレート(カカオ分60%以上)…15g
グラニュー糖…適量
塩(ゲランドのフルール・ド・セル)…適量

下準備
・左ページの下準備と同様にバター、天板、オーブンを準備する。

1. 左ページの1〜3と同じ要領でA、バター、卵黄、塩を混ぜる。

2. チョコレートを5mm大に刻んで加え、4と同じ要領で混ぜ、5〜9と同様にする。

3. フルール・ド・セルを微量のせ **ⓐ**、180℃に予熱したオーブンに入れ、170℃に設定し直して15〜18分焼き、10と同様に冷ます。

サブレオランデ・ダミエ
Sablés Hollandais Damiers

サブレオランデ・スピラル
Sablés Hollandais Spirales

サブレオランデ
Sablés Hollandais

2色の生地を組んで模様を作るサブレを
「オランデ」(オランダ風)といいます。
「ダミエ」は市松模様、「スピラル」はうず巻きの意味。
一見、難しそうに見えてもコツをつかむと思いのほか手軽で楽しいもの。
水分量を控えたややかための生地で作ると
歯ごたえがよく、柄がきれいに出ます。

作り方：p.26-29

サブレオランデ・ダミエ

材料(3.3cm四方 18〜20枚分)
発酵バター(食塩不使用)…60g
塩(焼き塩)…0.5g(小さじ1/10)
粉砂糖…40g
卵…7g
インスタントコーヒー粉…2.5g(小さじ1強)
湯…6g
A(茶生地用)
| 薄力粉…45g
| シナモンパウダー…0.2g(小さじ1/10)
B(黒生地用)
| 薄力粉…50g
| カカオパウダー…5g

下準備
・バターは指で押すと軽い抵抗を感じながらも中に入り、中心に冷たさが残るくらいにもどす。
・卵は常温(20〜22℃)にもどす。
・インスタントコーヒー粉を分量の湯で溶き、常温に冷ます。
・カッティングマットの上に10mmのルーラー2本を間隔を4cmあけてテープで固定する a 。
・天板にシルパン(またはオーブンペーパー)を敷く。
・オーブンは170℃に予熱する。

1.
ボウルにバターと塩を入れ、ゴムべらで練り混ぜてクリーム状にし、粉砂糖を2回に分けて加え、混ぜ込む。

2.
卵とコーヒー液を順に加え、その都度ゴムべらでよく混ぜてなめらかに乳化させる。

3.
生地を45gと残り(約70g)に分ける。

4.
45gのほうにAをふるい入れ、粉の上からゴムべらで切り込み、生地を底からすくい返すことをくり返して粉気がなくなるまで混ぜる(切り混ぜ/p.87)。

5.
4をひとかたまりにし、ゴムべらで少しずつ崩してボウルの内側にすりつける。まとめてはすりつけることを2〜3回くり返す(フレゼ/p.87)。

6.
残りの生地にBを合わせてふるい入れ、4と同じ要領で切り混ぜする。

7.
6の生地を5と同じ要領でフレゼする。

8.
準備したカッティングマットにラップをふわりとかけ、5の生地を手で棒状にまとめてルーラーの間に置く。上にもラップをかけ、麺棒で幅4cm×長さ約19cm×厚さ1cmの延べ棒状にのばす。

9.
8のルーラーの間隔を5cmに広げて固定し直し、7の生地を8と同じ要領で幅5cm×長さ約19cm×厚さ1cmの延べ棒状にのばす。

10.
8(茶生地)と9(黒生地)をそれぞれラップで包み、冷蔵庫で1時間休ませる。

11.
茶生地を縦4等分の棒状に切り、黒生地を縦5等分の棒状に切る。
➡ 定規ではかって正確に等分にし、まっすぐに切ることで仕上がりがきれいになる。

12.
1段目は黒・茶・黒の順に並べ、2段目は茶・黒・茶の順、3段目は黒・茶・黒の順に並べる。生地同士を密着させてまっすぐに整え、オーブンペーパーとラップで包んで冷蔵庫で3時間以上休ませる。

13.
端を切り落とし、厚さ9mmに切る。準備した天板に並べて170℃に予熱したオーブンで10分、160℃に下げてうっすら色づくまでさらに5〜10分焼く。形を崩さないように天板のまま網にのせて冷ます。

サブレオランデ・スピラル

材料（直径3.5cm 18〜20枚分）
発酵バター（食塩不使用）… 60g
粉砂糖 … 40g
卵 … 10g
水 … 4g
塩（焼き塩）… 0.5g（小さじ1/10）
A（白生地用）
　薄力粉 … 50g
　カルダモンパウダー … 0.2g（小さじ1/9）
レモンの皮（すりおろし）… 1g
B（緑生地用）
　薄力粉 … 55g
　抹茶パウダー … 4g

下準備
・バターは指で押すと軽い抵抗を感じながらも中に入り、中心に冷たさが残るくらいにもどす。
・卵は常温（20〜22℃）にもどし、水と塩を加えて混ぜる。
・天板にシルパン（またはオーブンペーパー）を敷く。
・オーブンペーパーを2種類に折る。生地を完全に包み込めるように前後左右から折り、折り上げサイズは白生地用が14×16cm、緑生地用が16×16cm 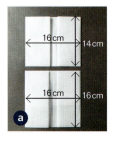。
・オーブンは170℃に予熱する。

1.
ボウルにバターを入れてゴムべらで練ってクリーム状にし、粉砂糖を2回に分けて加え、混ぜ込む。

2.
準備した卵液を2回に分けて加え、その都度ゴムべらでよく混ぜてなめらかに乳化させる。

3.
生地を50gと残り（約60g）に分ける。

4.
50gのほうにAを合わせてふるい入れ、レモンの皮も加える。粉気がなくなるまで切り混ぜ（p.87）し、フレゼ（p.87）して均一な状態にする。

5.
残りの生地にBを合わせてふるい入れ、4と同じ要領で切り混ぜし、フレゼする。

6.
4と5をそれぞれラップで包んで約10cm四方の四角に整え、冷蔵庫で30分休ませる。

11.
手前の緑生地のはみ出し分を持ち上げて白生地の端を包むように曲げて芯を作る。
➡ オーブンペーパーの左右の余分を切り落としておくと巻きやすい。

7.
準備した白生地用のオーブンペーパーを広げ、6の白生地に打ち粉をふってのせ、ラップ越しに麺棒で折り目内におさまる大きさにざっとのばす。ラップをはがす。

12.
オーブンペーパーを巻きすのように使って芯に生地をきつく巻きつけていく。
➡ 片手でペーパーを引っぱりながら、もう片方の手で転がす。

8.
ペーパーを元通りに折り、裏返してペーパー越しに麺棒をかけて角まで生地が行きわたるようにきれいにのばす(厚さ約3mm)。そのまま冷蔵庫で30分休ませる。
➡ できるだけ均一な厚みにする。

13.
巻き終わったらオーブンペーパー越しに生地の下側にパレットナイフや定規を押し込みながら、下側のペーパーを引っぱって生地をぎゅっと巻き締める。

9.
準備した緑生地用のオーブンペーパーを使って7・8と同じ要領で6の緑生地をのばし、休ませる。

14.
そのままオーブンペーパーで包み、台の上で転がしてきれいな円柱状に形を整える。ラップで包んで両端をねじり、冷蔵庫で3時間以上休ませる。

10.
緑生地からオーブンペーパーをはがし、ペーパーの中央に置き直す。白生地もペーパーをはがし、緑生地の中央に重ねる(緑生地が上下各1cmはみ出す)。曲げやすいかたさになるまで数分おく。

15.
端を切り落として厚さ8mmに切る。準備した天板に並べ、170℃に予熱したオーブンで5分、160℃に下げて抹茶の色が褪せない程度に10〜15分焼く。形を崩さないように天板のまま網にのせて冷ます。

アーモンドヌガーの
サブレヴィエノワ

Sablés Viennois au cœur nougatine

絞り出しタイプのサブレを「ヴィエノワ」（ウィーン風の意味）といいます。
卵白を使う生地なので、シャクシャクとした食感でバターの風味がよく立ち、
アーモンドのヌガーと好相性。バターを泡立てすぎないこと、
いったん冷やしてから焼くことで絞りのラインがきれいに出ます。
生地に細挽きコーヒーを混ぜるアレンジもご紹介します。

作り方：p.32-33

コーヒー風味のサブレヴィエノワ
Sablés Viennois au café

アーモンドヌガーの
サブレヴィエノワ

材料(直径4.5cm 16枚分)
【生地】
発酵バター(食塩不使用)… 50g
A
　塩(焼き塩)… 0.5g(小さじ1/10)
　粉砂糖… 20g
　バニラエクストラクト… 0.5g(小さじ1/8)
卵白… 8g
薄力粉… 60g
【アーモンドヌガー】
B
　グラニュー糖… 10g
　発酵バター(食塩不使用)… 10g
　はちみつ… 10g
スライスアーモンド… 15g

下準備
・生地用のバターは指が抵抗なくスッと入るくらいにもどす。
・卵白はコシを切って常温(20〜22℃)にもどす。
・スライスアーモンドは大きければ8〜10mm大に砕く 。
・絞り袋に8切星口金(#5)をつける。
・仕上がりサイズをそろえたければ、天板のサイズの紙に直径4.5cmの円を下描きし 、その上にシルパット(またはオーブンペーパー)を重ねる。
・オーブンは170℃に予熱する。

1.
アーモンドヌガーを作る。耐熱容器に **B** を入れて電子レンジ(700W)で50秒くらい加熱してぐつぐつと沸騰させる。スライスアーモンドを加えて耐熱べらで混ぜ合わせる。

2.
1を5分ほど放置して少し温度を下げてからオーブンペーパーの上に取り出し、長さ15×幅2cmほどにへらで整える。

3.
ペーパー越しに生地の下側にパレットナイフを押し込みながら下側のペーパーを引っぱって生地を巻き締める。そのままキャンディー包みにして冷凍庫に30分入れ、固まったら冷蔵庫に移す。

4.
生地を作る。ボウルにバターを入れてゴムべらで練り、**A**を加えてよくすり混ぜてなめらかなマヨネーズ状にする。

5.
卵白を2回に分けて加え、その都度泡立て器で混ぜ合わせる。

6.
薄力粉をふるい入れ、粉気がなくなるまでゴムべらで切り混ぜ(p.87)し、フレゼ(p.87)して均一な状態にする。

11.
170℃に予熱したオーブンで15〜20分焼く。隅々まで焼き色がついて白い部分がなくなったら焼き上がり。熱いうちに触ると変形するので天板のまま網にのせて冷ます。

7.
準備した絞り袋に**6**を入れてカードで先のほうに寄せる。

8.
準備した天板の下描きに合わせて直径4.5cmのリング状に絞る。下描きの紙を引き抜き、いったん冷凍庫に入れる。

コーヒー風味の
サブレヴィエノワ

材料(直径4.5cm 16枚分)
【生地】
発酵バター(食塩不使用)… 50g
A
 ┃ 塩(焼き塩)… 0.5g(小さじ1/10)
 ┃ 粉砂糖… 20g
卵白… 8g
薄力粉… 60g
細挽きコーヒー粉… 0.6g(小さじ1/3)
【アーモンドヌガー】
左ページのアーモンドヌガーの材料欄を参照。

9.
3をナイフで16等分に切る。

・下準備は左ページと同様に行う。
・アーモンドヌガーの作り方は、左ページの**1〜3**と同様に行う。
・生地の作り方は、左ページと同様に行い、**6**で薄力粉と一緒に細挽きコーヒー粉をふるい入れる。

10.
8の生地の中心に**9**を1個ずつ入れる。

アールグレイ風味のラング・ド・シャ
Langue de chat au thé

17世紀頃からある歴史のあるお菓子。
原型は猫の舌(ラング・ド・シャ)のような細長い形で、
薄く、カシャッと砕けるはかない食感が特徴です。
ここでは紅茶の葉を混ぜ、丸く絞ってホワイトチョコをはさみました。

材料（直径3.5cm 26枚分＝13組分）
発酵バター（食塩不使用）… 25g
塩（焼き塩）… 0.4g（小さじ1/12）
粉砂糖 … 25g
卵白 … 22g
薄力粉 … 20g
アーモンドパウダー … 10g
アールグレイの茶葉（細かいもの）
　… 1.6g（小さじ1弱）
ホワイトチョコレート … 45g

下準備
・バターは指が抵抗なくスッと入るくらいにもどす。
・卵白はコシを切って常温（20～22℃）にもどす。
・ホワイトチョコレートは5mm大に刻む。
・絞り袋に丸口金（#7）をつける。
・仕上がりサイズをそろえたければ、天板のサイズの紙に直径2cmの円を下描きし 、その上にシルパット（またはオーブンペーパー）を重ねる。
・オーブンは190℃に予熱する。

1. ボウルにバターを入れてゴムべらで練り、塩と粉砂糖を加えてよくすり混ぜてなめらかなマヨネーズ状にする。

2. 卵白を3回に分けて加え、その都度泡立て器で混ぜ合わせる。

3. 薄力粉とアーモンドパウダーを合わせてふるい入れ、粉気がなくなるまでゴムべらで切り混ぜ（p.87）する。アールグレイの茶葉を加え 、同様に混ぜて全体に行きわたらせる。

4. 準備した絞り袋に**3**を入れ、準備した天板に下描きに合わせて2cm大に絞る 。

5. 作業台にタオルを敷き、天板を20cmの高さから何度か落とし 、生地を直径3cm大に広げる。冷凍庫で5分冷やす。

6. 190℃に予熱したオーブンに入れ、170℃に設定し直して10～13分、縁がきつね色で真ん中に白さが残るくらいに焼く。熱いうちに触ると変形するので天板のまま網にのせて冷ます。

7. ホワイトチョコレートを60℃の湯煎か電子レンジで溶かす。混ぜながら軽いとろみがつくまで冷まし、半分の**6**にスプーンでのせ 、もう1枚ではさんで冷暗所に置き、固める。

サブレ生地で気軽にタルト作り

サブレブルトンのいちごタルト
Tarte aux fraises sur sablé Breton

パレブルトン（p.16）の生地を特大サイズに焼いてタルトを作りましょう。
カスタードクリームに生クリームを混ぜた軽やかなクリームをのせ、
いちごをたっぷりと盛りつけます。生地の外側をサクサクに、
中をしっとりめに焼き上げるとクリームとのなじみがよく、いっそうおいしくなります。

Réaliser une tarte simple avec une pâte sablée

材料（直径16cmのリング型 1台分）
【サブレブルトン】
発酵バター（食塩不使用）… 60g
塩（ゲランドのフルール・ド・セル）… 1g（小さじ1/4）
粉砂糖 … 45g
卵黄 … 15g
ラム酒 … 6g
薄力粉 … 70g
アーモンドパウダー … 20g
ベーキングパウダー … 2.7g（小さじ2/3）
【クリーム】
卵黄 … 小1個分（18g）
グラニュー糖 … 20g
薄力粉 … 8g
牛乳 … 80g
発酵バター（食塩不使用）… 6g
生クリーム（乳脂肪分40％以上）… 40g
キルシュ … 小さじ2/3
【組み立て】
いちご … 適量
ラズベリージャム … 大さじ2
ピスタチオ（刻む）… 適量

下準備
・バターは指で押すと軽い抵抗を感じながらも中に入り、中心に冷たさが残るくらいにもどす。
・卵黄は常温（20〜22℃）にもどす。
・リング型にバター（分量外）を薄く塗る。
・オーブンは170℃に予熱する。
・いちごはへたを取って縦半分に切る。ラズベリージャムは裏漉しして種を除く。

1. サブレブルトンを作る。パレブルトン（p.16）の1〜3と同様に生地を作り、厚さ1cmの円盤状にまとめてラップで包み、冷蔵庫で3時間〜半日休ませる。

2. 生地に打ち粉をふってオーブンペーパーの上に置き、直径16cmのリング型を当ててナイフで型の内側にそって生地を切り抜く ⓐ。そのまま型をはめ、ペーパーごと天板にのせる。

3. 170℃に予熱したオーブンで18〜20分、中央に少し弾力が残る程度に焼く。型のままペーパーごと網にのせて冷ます ⓑ。

4. クリームを作る。耐熱ボウルに卵黄、グラニュー糖、薄力粉を入れ、泡立て器でよくかき混ぜる。電子レンジで沸騰直前まで熱し、牛乳を加えてむらなく混ぜる。今度はぐつぐつと沸くまで熱し（700Wで約45秒）、手早くかき混ぜる。沸騰・かき混ぜを3〜4セットくり返してとろりとさせる ⓒ。

5. バターを加えてむらなく混ぜ込む。表面にラップを密着させて保冷剤をのせ、ボウルの底を氷水に当てて急冷し、粗熱がとれたら冷蔵庫で冷やす。

6. 生クリームをボウルに入れ、ボウルの底を氷水に当ててツノがぴんと立つまで泡立てる。冷えた5にキルシュとともに加え、ゴムべらで8割方混ぜる。

7. 3の上に、縁を残して6をこんもりとのせ、まわりにいちごを斜めに倒して重ねながら一周並べ ⓓ、クリームの上にもたっぷりと盛る。ラズベリージャムをスプーンで所々に落とし、ピスタチオをふる。

BISCUITS
ビスケット

　「ビスケット」は、「Bis（二度）」「Cuit（焼き）」を意味する言葉に由来する英語で、薄くてかためでパリンと割れる歯ごたえのある焼き菓子を指します。イギリスには一日に何度も紅茶とビスケットでティーブレイクをとる習慣があるからか、市販のものからホームメイドまで、ビスケットのバリエーションが実に豊富です。
　ビスケット生地は、サブレ生地に比べてバターなどの油脂や卵の量が控えめで、小麦粉の味が主体です。この配合比がしっかりとした歯ごたえの理由です。イギリス人はビスケットをミルクティーに浸して食べる「Dunking ダンキング」を好むので、浸すとすぐに崩れてしまうようなもろいものではなく、ダンキングに耐えられるかためのものが多いのでしょう。
　この章では、ビスケットの王道ともいえるシンプルなレシピから、イギリスで好まれているジンジャー風味、オートミール入り、クリームサンドなどの変化形もご紹介します。お気に入りを缶に作り溜め、イギリス人にならってミルクティーに浸してティータイムを楽しんでみませんか？　浸すとはいえ、ビスケットはカリカリ、パリンが身上です。缶の中に乾燥剤もお忘れなく。

ダイジェスティブビスケット
Digestive biscuits

19世紀にスコットランドで生まれたビスケットで、
当時配合されていたベーキングソーダやモルトが消化を助ける(ダイジェスティブ)
材料とされていたことが名前の由来です。
全粒粉入りで甘さ控えめの生地は軽食にもなり、
チョコレートを塗ったアレンジタイプはイギリス人のダンキング一番人気だとか。

作り方:p.42-43

ダイジェスティブ
ビスケット

材料（直径6.5cmの菊型 10枚分）
A
  全粒粉 … 60g
  準強力粉 … 45g
  塩（焼き塩）… 0.8g（小さじ1/6）
  ジンジャーパウダー … 0.6g（小さじ1/3）
  ベーキングパウダー … 0.6g（小さじ1/7）
  ベーキングソーダ … 0.4g（小さじ1/12）
バター（食塩不使用）… 50g
きび砂糖 … 25g
はちみつ … 3g
牛乳 … 20g
【アレンジ】
コーティング用チョコレート … 90g（10枚分）

下準備
・バターは指で押すと軽い抵抗を感じながらも中に入り、中心に冷たさが残るくらいにもどす。
・アルファベットのビスケットスタンプで「DIGESTIVE」の刻印を用意する（文字の配列は鏡映しのように逆にする）**a**。
・コーティング用チョコレートは5mm大に刻む。
・天板にシルパン（またはオーブンペーパー）を敷く。
・オーブンは170℃に予熱する。

a

1.
Aを合わせてボウルにふるい入れ、泡立て器で混ぜる。バターをゴムべらで10等分ほどに分けて粉の上に散らす。

2.
ゴムべらでバターに粉をまぶし、へらをナイフのように使って何度も切り込み、できるだけバターのかたまりを小さくする。

3.
粉チーズ状になったら、きび砂糖を加えて泡立て器で混ぜ込む。

4.
はちみつを牛乳で溶き、3にまわし入れる。

5.
ゴムべらで再び切り込んで、練らずに水分を全体に行きわたらせる。

6.
ラップに取り出し、ラップ越しに生地が均一な状態になるまでもむ。厚さ約3cmの四角に包み、冷蔵庫で3時間〜半日休ませる。

7.
冷蔵庫から出し、ラップ越しに麺棒で生地をまんべんなく叩いて少しやわらかくし、厚みを半分くらいにする。

8.
作業台にオーブンペーパーを敷き、打ち粉をして生地を置く。生地にラップをかけ、両端に5mmのルーラーを置いて麺棒で厚さ5mmにのばす。
→生地がダレたら冷凍庫で5〜10分冷やす。

9.
ラップをはがして直径6.5cmの菊型で抜き、オーブンペーパーを敷いた板に並べる。

10.
準備したスタンプに打ち粉をつけて余分な粉を刷毛で払い、9の生地の中央に押す。

11.
ようじの頭を刺して蒸気抜きの穴をあける。準備した天板に並べる。
→ようじはペーパーにつくまで刺す。穴は模様も兼ねるので規則正しい配列にする。

12.
170℃に予熱したオーブンで10〜12分焼き、生地が膨らんで焼き色がつき始めたら160℃に下げ、全体に焼き色がつくまでさらに5〜10分焼く。網に並べて冷ます。

13. チョコレートアレンジ
コーティング用チョコレートを60℃の湯煎で溶かし、湯煎から外してスプーンで混ぜながらゆるいとろみがつくまで冷ます(40〜45℃)。

14.
ビスケットの裏に縁を数ミリ残して13をスプーンで塗り広げる。
→途中でチョコレートがかたくなったら湯煎で温め直す。

15.
ようじを寝かせてチョコレートに5mm間隔に押しつけて縞模様をつけ、冷蔵庫に30分入れて固める。

ティービスケット
Tea biscuits

市販の人気ビスケット「リッチティー」や「マリービスケット」に似せて、
イギリス人がよく使う糖蜜、ゴールデンシロップを配合します。
バターの量が少ないので風味はあっさり、口当たりは軽やか。
このタイプは買うものと思いがちですが、
調べてみると世界中の愛好者がさまざまな作り方で再現しています。
スタンプでくっきりと跡をつけるのも、ビスケット作りの楽しみのひとつ。

作り方：p.46-47

ティービスケット

材料（直径6cmの押し型 9枚分）
A
- 牛乳 … 20g
- グラニュー糖 … 25g
- ゴールデンシロップ（またははちみつ）… 5g
- 塩（焼き塩）… 0.4g（小さじ1/12）

ベーキングソーダ … 0.7g（小さじ1/7）
バター（食塩不使用）… 18g
太白ごま油（またはサラダ油など）… 7g
B
- 薄力粉 … 75g
- コーンスターチ … 5g
- ベーキングパウダー … 2g（小さじ1/2）

下準備
- バターは指が抵抗なくスッと入るくらいにもどす。
- 天板にシルパン（またはオーブンペーパー）を敷く。
- 抜き型とスタンプを兼ねた押し型を用意する 。
  ➡なければ丸型、ようじ、フォークで代用する（右ページのMemo「スタンプがないときは」を参照）。
- オーブンは170℃に予熱する。

a

1.
耐熱ボウルに A を入れ、電子レンジで沸騰直前まで加熱する（700Wで30秒くらい）。ベーキングソーダを加えて泡立て器で混ぜ、そのままおいて冷ます。

2.
バターと太白ごま油をゴムべらでよく練り混ぜる。

3.
ボウルに B をふるい入れ、2 を10等分くらいにして散らす。

4.
ゴムべらで油脂に粉をまぶし、へらをナイフのように使って何度も切り込んで粉チーズ状にする。

5.
常温に冷めた 1 を 4 にまわし入れる。

6.
ゴムべらで再び切り込む。全体が湿ったら、生地をボウルにすりつけて広げ、練らずに水分を全体に行きわたらせる。

7.
ラップに取り出し、ラップ越しに生地が均一な状態になるまでもむ。厚さ約3cmの四角に包み、冷蔵庫で1〜3時間休ませる。

8.
作業台にオーブンペーパーを敷き、打ち粉をして生地を置く。生地にラップをかけ、両端に4mmのルーラーを置いて麺棒で厚さ4mmにのばす。

9.
直径6cmのスタンプ付き押し型で抜く。

10.
準備した天板に並べる。

11.
170℃に予熱したオーブンで10分、生地が膨らんで色づき始めたら160℃に下げ、全体にごく薄い焼き色がつくまでさらに5〜8分焼く。熱いうちに触ると変形するので天板のまま網にのせて冷ます。

Memo スタンプがないときは

のばした生地を直径6cmの丸型で抜き、ようじの頭で穴をあけ、フォークの先で縁に一周刻み模様をつける。

シナモンビスケット
Homemade BISCOFF

ヨーロッパでコーヒーのお供として定番の市販品
「BISCOFF」に似せた、シナモン風味のビスケット。
きなこの香ばしさがきび砂糖の甘いコクに重なってキャラメルのような風味に。
少し甘めでコーヒーダンキングに最適です。

材料（長径8×短径3.5cmの楕円型 12枚分）
バター（食塩不使用）… 25g
太白ごま油（またはサラダ油など）… 10g
塩（焼き塩）… 0.5g（小さじ1/10）
きび砂糖 … 35g
ゴールデンシロップ（またははちみつ）… 10g
A
| 薄力粉 … 70g
| きなこ … 5g
| シナモンパウダー … 2g（小さじ1強）
| ベーキングパウダー … 1.5g（小さじ1/3強）
| ベーキングソーダ … 1g（小さじ1/5）

下準備
・バターは指が抵抗なくスッと入るくらいにもどす。
・天板にシルパン（またはオーブンペーパー）を敷く。
・オーブンは170℃に予熱する。

1. ボウルにバター、太白ごま油、塩を入れ、ゴムべらで練り混ぜてクリーム状にし、きび砂糖を2回に分けて加え、混ぜ込む。

2. ゴールデンシロップを加え ⓐ、ゴムべらでしっかりと混ぜてなめらかにする。

3. Aを合わせてふるい入れ ⓑ、粉気がなくなるまで切り混ぜ（p.87）し、フレゼ（p.87）して均一な状態にする ⓒ。
   ➡ 水分が足りず粉気が残る場合は牛乳少々（材料外）を加える。

4. 生地をまとめてラップで包んで厚さ約3cmの四角にし、冷蔵庫で3時間～半日休ませる。

5. 冷蔵庫から出し、ラップ越しに麺棒で生地を叩いてやわらかくし、厚みを半分くらいにする。

6. 作業台にオーブンペーパーを敷き、打ち粉をして生地を置く。生地にラップをかけ、麺棒で厚さ4mmにのばす。
   ➡ 生地がダレたら冷凍庫で5～10分冷やす。

7. ラップをはがして8×3.5cmの楕円型で抜き ⓓ、準備した天板に並べる。

8. 170℃に予熱したオーブンで12～15分焼き、生地が膨らんで薄い焼き色がつき始めたら160℃に下げて5分ほど焼く。熱いうちにはがすと形がゆがむのでシルパンごと網に移して冷ます。

デヴォンフラット
Devon flats

バターの代わりにクロテッドクリームを使う、
ミルキーな味わいのビスケット。
生地をあえてなめらかにせず、ガサゴソとした
素朴な風合いに仕上げます。
アールグレイの茶葉を混ぜるアレンジもご紹介します。

材料(直径7cmの丸型 6枚分)
薄力粉 … 100g
ベーキングパウダー… 3.5g(小さじ1弱)
グラニュー糖 … 45g
クロテッドクリーム … 45g
卵 … 20g
塩(焼き塩)… 0.5g(小さじ1/10)
【アレンジ】
アールグレイの茶葉(細かいもの)… 2g(6枚分)

下準備
・クロテッドクリームは冷蔵庫で冷やしたものをスプーンで練ってボソボソにし 、再び冷蔵庫で冷やす。
　➡練るとかたくなってボソボソになる。
・卵に塩を加えて混ぜて溶かす。
・天板にシルパン(またはオーブンペーパー)を敷く。
・オーブンは200℃に予熱する。

1. ボウルに薄力粉とベーキングパウダーをふるい入れ、グラニュー糖を加えて泡立て器で混ぜ合わせる。

2. 準備したクロテッドクリームを粉の上に散らす 。ゴムべらでクリームに粉をまぶし、へらをナイフのように使って何度も切り込んで粉チーズ状にする。アールグレイ風味にアレンジする場合は、アールグレイの茶葉を加えてさらに切り込んで混ぜる。

3. 卵液をまわし入れ 、ゴムべらで切り込んだり、面を使って押しつけたりして全体に行きわたらせる 。
　➡水分が足りず粉気が残る場合は牛乳を少々加える(分量外)。

4. ボウル内で生地を寄せ集め、ゴムべらで練って全体を均一な状態にする。ラップで包んで厚さ約3cmの四角にし、冷蔵庫で3時間〜半日休ませる。

5. 冷蔵庫から出し、ラップ越しに麺棒で生地を叩いて厚みを半分くらいにする。作業台にオーブンペーパーを敷き、打ち粉をして生地を置く。生地にラップをかけ、麺棒で厚さ7mmにのばす。

6. 直径7cmの丸型で抜き 、準備した天板に並べて200℃に予熱したオーブンで12分ほど焼く。縁にほんのりとした焼き色がつくくらいが目安。網に移して冷ます。

オートミールビスケット
Homemade HOBNOBS

イギリスで人気の市販のオートミールビスケット「HOBNOBS」を手作りで楽しみましょう。
溶かしたバターに材料を混ぜる方法で作るので、
冷めるとカリッと小気味よい食感になります。薄く平らにのばすのがコツ。

材料（直径6cm 10枚分）
A
| オートミール … 40g
| 薄力粉 … 35g
| ベーキングパウダー … 1.3g（小さじ1/3）
| ベーキングソーダ … 0.5g（小さじ1/10）
| きび砂糖 … 45g
| 塩（焼き塩）… 0.3g（小さじ1/16）
バター（食塩不使用）… 35g
ゴールデンシロップ（またははちみつ）… 5g
牛乳 … 約10g

下準備
・天板にシルパット（またはオーブンペーパー）を敷く。
・オーブンは160℃に予熱する。

1. ボウルにAを入れ、泡立て器で全体を念入りにかき混ぜる。

2. 小鍋にバターを入れて弱めの中火で沸騰させずに溶かす。小ぶりなボウルに移してゴールデンシロップを加え ⓐ、そのままおいて人肌よりやや高めの温度にする。

3. 1に2と牛乳をまわし入れ、ゴムべらで切り込んだり、面を使って押しつけたりして全体に行きわたらせる ⓑ。
   ➡ 水分が少なくて生地がまとまりそうになければ、牛乳を少々足して調整する。

4. 生地を寄せ集め、ゴムべらで練って全体を均一な状態にする ⓒ。

5. 10等分にし、手のひらではさんで軽くすりつぶしてからボール状に丸め、直径5.5cmほどに薄くつぶす ⓓ。準備した天板に並べる ⓔ。

6. 160℃に予熱したオーブンで15〜20分、全体にほどよい焼き色がつくまで焼く。形が崩れないように天板のまま網にのせて冷ます。冷めるとかたくなる。

ジンジャーナッツ
Ginger nuts

ちょっと多いのでは？　と心配になるくらい
ジンジャーパウダーを入れるのがイギリス人好み。
台所中にジンジャーのいい匂いがあふれます。
名前の由来はナッツのようにかたいからだとか。

材料（直径4.5cm　12枚分）
A
　準強力粉 … 65g
　ジンジャーパウダー … 5g
　ベーキングパウダー … 2.5g（小さじ2/3弱）
　ベーキングソーダ … 1.3g（小さじ1/4）
　きび砂糖 … 30g
　塩（焼き塩）… 0.3g（小さじ1/16）
バター（食塩不使用）… 40g
ゴールデンシロップ（またははちみつ）… 4g
牛乳 … 15g

下準備
・天板にシルパット（またはオーブンペーパー）を
　敷く。
・オーブンは160℃に予熱する。

1. ボウルにAを入れ、泡立て器で全体を念入りにかき混ぜる。

2. 小鍋にバターを入れて弱めの中火で沸騰させずに溶かす。小ぶりなボウルに移してゴールデンシロップを加え、そのままおいて人肌よりやや高めの温度にする。

3. 1に2と牛乳を順にまわし入れ、ゴムべらで切り込んだり押しつけたりして水分を全体に行きわたらせる。生地を寄せ集め、ゴムべらで練って全体を均一な状態にする。

4. 12等分にし、手のひらではさんで軽くすりつぶしてからボール状に丸める 。準備した天板に並べ、ゴムべらで押さえて直径4cmほどにつぶす 。

5. 160℃に予熱したオーブンで15〜20分、亀裂が入って全体にほどよい焼き色がつくまで焼く。形が崩れないように天板のまま網にのせて冷ます。冷めるとかたくなる。

バーボンクリームビスケット
Homemade Bourbon cream biscuits

イギリスのビスケットメーカー各社がこぞって販売し、
ホームメイド派がそれを目指して作る人気のビスケット。
ほどよく苦みのきいたカカオビスケットにカカオクリームをはさみます。
イギリスには専用の抜き型がありますが、
誰でも作れるように切り分けてスタンプを押す方法をご紹介します。

作り方：p.58-59

バーボンクリーム
ビスケット

材料(6×3cmの長方形 16枚分=8組分)
バター(食塩不使用)… 20g
ココナッツオイル… 10g
きび砂糖… 30g
塩(焼き塩)… 0.3g(小さじ1/16)
ゴールデンシロップ(またははちみつ)… 5g
A
│ 薄力粉… 60g
│ カカオパウダー… 10g
│ ベーキングパウダー… 1g(小さじ1/4)
│ ベーキングソーダ… 1g(小さじ1/5)
牛乳… 15g
【カカオクリーム】
バター(食塩不使用)… 15g
粉砂糖… 30g
カカオパウダー… 10g
牛乳… 6g

下準備
・バターは指で押すと軽い抵抗を感じながらも中に入り、中心に冷たさが残るくらいにもどす。
・ココナッツオイルは常温(20~22℃)にもどす。
・アルファベットのビスケットスタンプで「BOURBON」の刻印を用意する(文字の配列は鏡映しのように逆にする) 。
・オーブンペーパーを生地を完全に包み込めるように前後左右から折って24×12cmのサイズにする 。
・カカオクリーム用の牛乳は殺菌のためにいったん沸騰させ、冷ましておく。
・天板にシルパン(またはオーブンペーパー)を敷く。
・オーブンは170℃に予熱する。

1.
ボウルにバターとココナッツオイルを入れ、ゴムべらでむらなく練り混ぜる。

2.
きび砂糖に塩を混ぜ、2回に分けて1に加えてその都度ゴムべらで混ぜ込む。ゴールデンシロップを加えてむらなく混ぜる。

3.
Aを合わせてふるい入れて切り混ぜ(p.87)し、そぼろ状になったら牛乳をまわし入れて同様に混ぜる。

4.
生地をひとかたまりにし、ゴムべらで少しずつ崩してボウルの内側にすりつける。まとめてはすりつけることを2~3回くり返す(フレゼ/p.87)。

5.
準備したオーブンペーパーを広げ、手で生地をまとめて薄く打ち粉をしてのせ、麺棒で折り目内におさまる大きさに軽くのばす。

6.
ペーパーを元通りに折り、裏返してペーパー越しに麺棒をかけて角まで生地が行きわたるように均一な厚みにのばす（厚さ約4mm）。そのまま冷蔵庫で3時間〜半日休ませる。

7.
オーブンペーパーをはがし、生地をペーパーの中央に置き直す。定規を当てて縦横各4等分になるように印をつけ、刃渡りの長いナイフで16等分に切り分ける。

8.
間隔をあけて並べ直し、準備したスタンプに打ち粉をふって余分な粉を刷毛で払い、生地の中央に押す。

9.
ようじの頭を刺して蒸気抜きの穴をあける。冷凍庫で15分ほど冷やし固める。
➡ ようじはペーパーにつくまで刺す。穴は模様も兼ねるので規則正しい配列にする。

10.
準備した天板に並べ、170℃に予熱したオーブンで15〜17分焼く。いったん膨らんだ生地が沈み、表面が乾いて見えたら焼き上がり。網に並べて冷ます。

11.
カカオクリームを作る。ボウルにバターを入れ、ゴムべらで練る。粉砂糖にカカオパウダーを混ぜ、少しずつバターに混ぜ込む。牛乳を加え、混ぜてかためのペースト状にする。
➡ 混ぜにくければ湯煎で温める。

12.
バターナイフなどで11を10の裏面に塗り、もう1枚ではさむ。
➡ 保存は密閉容器に入れて冷暗所か冷蔵庫へ（温め直しができないので冷凍には不向き）。日持ちは7〜10日。時間とともにクリームの水分が生地に移ってしっとりした食感に変わる。

ガリバルディビスケット
Garibaldi biscuits

19世紀に活躍したイタリアの将軍の名を持つ、
イギリスで当時から作られている歴史のあるビスケット。
レーズンの甘みと生地の素朴な味わいの組み合わせが絶妙です。
焼きたてはカリッ、翌日はしっとり。

材料(4.5cm四方 16枚分)
バター(食塩不使用)… 35g
塩(焼き塩)… 0.6g(小さじ1/8)
きび砂糖… 20g
ゴールデンシロップ(またははちみつ)… 3g
卵… 25g
A
　薄力粉… 65g
　ベーキングパウダー… 1.3g(小さじ1/3)
　シナモンパウダー… 0.6g(小さじ1/3)
牛乳… 3g
レーズン… 75g
【つや出し液】
卵… 10g(大さじ2/3)
インスタントコーヒー粉… 0.5g(小さじ1/4)
湯… 数滴

下準備
・バターは指で押すと軽い抵抗を感じながらも中に入り、中心に冷たさが残るくらいにもどす。
・卵は常温(20〜22℃)にもどす。
・レーズンは熱湯に5分浸してざるにあげ、冷めたら水気をかたく絞り、4〜5mm大に刻む。
・つや出し液を作る。インスタントコーヒー粉を数滴の湯で濃いめに溶き、卵と混ぜ合わせる。
・オーブンペーパーを生地を完全に包み込めるように前後左右から折って20×15cmのサイズにする 。
・天板にシルパット(またはオーブンペーパー)を敷く。
・オーブンは170℃に予熱する。

1. ボウルにバターと塩を入れ、ゴムべらで練り混ぜる。きび砂糖を2回に分けて加えて混ぜ込み、ゴールデンシロップも加えて混ぜ込む。

2. 卵を2回に分けて加え、その都度ゴムべらでよく混ぜてなめらかに乳化させる。Aを合わせてふるい入れて切り混ぜ(p.87)し、粉気がほぼなくなったら牛乳を加えて同様に混ぜる。

3. 生地を中央に集め、フレゼ(p.87)して均一な状態にする。手で生地をまとめ、薄く打ち粉をまぶす。

4. 準備したオーブンペーパーを広げて3をのせ、麺棒で折り目内におさまる大きさにざっとのばす。ペーパーを元通りに折り、裏返してペーパー越しに麺棒をかけて角まで生地が行きわたるように均一な厚みにのばす(・厚さ約3mm)。そのまま冷蔵庫で1時間〜半日休ませる。

5. 生地からオーブンペーパーをはがし、打ち粉をふってペーパーの中央に横長に置き直す。右半分に準備したレーズンを敷き詰め 、左半分を折り返してはさむ。

6. 打ち粉をふり、麺棒で約18cm四方にのばす 。冷凍庫で30分ほど冷やし固める。
→レーズンがあちこちから透けて見えるようにのばす。

7. ようじの頭で生地全体に、約2cm間隔に蒸気抜きの穴をあける。刃渡りの長いナイフで縦横とも4等分に切って16枚にする。

8. 準備した天板に並べ、刷毛でつや出し液を塗る 。170℃に予熱したオーブンで15〜18分焼いて全体に焼き色をつける。熱いうちにはがすと形がゆがむのでシルパットごと網にのせて冷ます。

スコティッシュ・ショートブレッド
Scottish Shortbread

スコットランドの伝統的な焼き菓子で、
かつてはクリスマスや結婚式などの祝い菓子でした。
「ショート」とはサクサクとしたもろさを表す言葉。
伝統的なレシピでは、この食感を作るために
グルテンを含まない米粉を小麦粉に合わせます。
口の中で心地よく崩れてバターの風味が広がります。

作り方:p.64-65

スコティッシュ・ショートブレッド

材料（直径16cmの底取タルト型 1台分）
バター（食塩不使用）… 80g
塩（焼き塩）… 1g（小さじ1/5）
細目グラニュー糖*（または粉砂糖）… 35g
薄力粉 … 95g
米粉（製菓用）… 20g
グラニュー糖 … 適量
＊通常のグラニュー糖は粒が残って舌ざわりが悪くなり、茶色い斑点が残ることも。粒が細かい細目なら生地にほどよく溶け、サクサクした食感に仕上がる。

下準備
・バターは指で押すと軽い抵抗を感じながらも中に入り、中心に冷たさが残るくらいにもどす。
・タルト型に薄くバター（分量外）を塗る 。
・オーブンは140℃に予熱する。

1.

ボウルにバターを入れ、塩と細目グラニュー糖を混ぜ合わせて2回に分けて加え、バターに練り込む。

2.

薄力粉と米粉を合わせてふるい入れる。
➡米粉はグルテンが出ないため、よりサクサクとしたもろい食感になる。

3.

ゴムべらで切り込んでバターを細かいそぼろ状にする。

4.

泡立て器でぐるぐると混ぜて粒のそろったそぼろ状にする。
➡粒がそろうと口当たり、口溶けがよくなる。

5.

ラップに取り出して茶巾絞りの要領で生地をまとめる。

6.
ラップ越しに麺棒で押して3cmほどの厚みの円盤状に整える。冷蔵庫で1時間ほど休ませる。

7.
麺棒で生地を叩いて少しやわらかくし、打ち粉をふってシルパット（またはオーブンペーパー）の上に置く。ラップをかけて麺棒で厚さ1cmの円形にのばす（直径約18cm）。

8.
生地の上下を返してまな板にのせ、タルト型の底板を当て、余分な生地をナイフで切り取る。

9.
底板ごと生地の上下を返し、そのまま型におさめる。

10.
型の波縁のくぼみにそって生地を指で押さえて、くぼみをつけながら、縁の隅々まで生地を入れ込む。

11.
生地をカードで放射状に8等分に切る。

12.
ようじの頭で蒸気抜きの穴を全面にあける。
➡ようじは型の底につくまで刺す。穴は模様も兼ねるので規則正しい配列にする。

13.
グラニュー糖をふりかける。140℃に予熱したオーブンに入れ、130℃に設定し直して40〜50分焼く。
➡低温で薄い焼き色に仕上げるのが本流。

14.
焼き上がったらナイフで切り目をなぞり、余熱の残るオーブン庫内に戻して完全に冷めるまでおく。
➡焼成中に切り目の一部がくっつくのでナイフで完全に切り離す。冷めてから切ると割れやすい。

ショートブレッドを贈りものに

レモンショートブレッドアイシングバー
Lemon shortbread icing bars

スコティッシュ・ショートブレッド(p.62)の生地をレモン風味にアレンジし、
スマートな板状に焼いて、ロイヤルアイシングとレモンの皮でおめかし。
湿気ないようにひとつずつOPPシートで包み、
リボンをかけると、しゃれた贈りものになります。

Bake and gift shortbread bars

材料(7×2×厚さ1.2cm 8本分)
【生地】
バター(食塩不使用)…60g
塩(焼き塩)…0.7g(小さじ1/7)
細目グラニュー糖(または粉砂糖)…30g
薄力粉…75g
米粉(製菓用)…15g
レモンの皮(すりおろし)…小さじ1
【ロイヤルアイシング】
粉砂糖…60g
卵白(新鮮なもの)…10g
レモン汁…約5g
【飾り】
レモンの皮(せん切り)…適量

下準備
・バターは指で押すと軽い抵抗を感じながらも中に入り、中心に冷たさが残るくらいにもどす。
・卵白はコシを切って常温(20〜22℃)にもどす。
・飾り用のレモンの皮のせん切りは、ティッシュペーパーにはさんで麺棒をかけて、平らにのばしつつ余分な水分を除く。
・天板にシルパン(またはオーブンペーパー)を敷く。
・オーブンは140℃に予熱する。

1. 生地はスコティシュ・ショートブレッド(p.64)の1〜5と同じ要領で作る。レモンの皮のすりおろしは粉をふるい入れた直後に加える。

2. ラップ越しに麺棒で押して厚さ3cm弱の長方形に整える。ラップをゆるめ、麺棒で生地を長さ16×幅7.5×厚さ1.2cmくらいの長方形にのばす 。冷蔵庫で1時間以上休ませてしっかりと固める。

3. ナイフで四辺をまっすぐに切り落とし、長辺を8等分に切り分ける 。

4. 準備した天板に並べて140℃に予熱したオーブンに入れ、130℃に設定し直して40〜50分焼く。余熱の残るオーブン庫内に入れたまま完全に冷めるまでおく。

5. ロイヤルアイシングを作る。ボウルに粉砂糖と卵白を入れてゴムべらで練り混ぜ、レモン汁を加え混ぜてツノがおじぎをするくらいのかたさに調節する。
→卵白を混ぜると白さが際立つ。かたければレモン汁を足す。

6. 4の上面を5に浸し、軽く揺らして余分を振り落とす 。上向きに返して縁を指で一周なぞってはみ出した分をぬぐい取り、網に並べる。

7. アイシングが乾ききらないうちに飾り用のレモンの皮をピンセットでのせ 、風通しのよい乾燥した場所で乾かす。

COOKIES
クッキー

　「クッキー」という言葉は、17世紀にヨーロッパの人々がアメリカ大陸に移り住んだ後にできたアメリカ英語で、語源は中世オランダ語の「Koekje コーキエ」(小さなケーキの意味)です。移民によってヨーロッパのお菓子のレシピがアメリカに次々に持ち込まれ、アメリカ人のホームベイキング志向の波にのって、家庭で手軽に作れる多種多様なクッキーが生まれました。

　特徴は、生地にたっぷりの油脂、糖分、小麦粉を配合し、ベーキングパウダーの力で膨らませること。そして、チョコレートやナッツ、ドライフルーツなどの具材を大胆、かつふんだんに加えること。具材に負けないように生地の歯ごたえを出すために、小麦粉はグルテンが適度に出る準強力粉を使います。厚みをもたせて大ぶりに作るものが多く、焼き加減を変えて食感の変化を味わえるのもアメリカンクッキーならではの魅力です。

　この章では、手で丸めて形作る自由でおおらかなアメリカンスタイルレシピをご紹介します。大ぶりで甘みのしっかりとしたストレートな味わいを、冷たいミルクやコーヒーとともにお楽しみください。

ピーナッツバター
チョコチップクッキー
Peanut butter chocolate chip cookies

チョコチップクッキー
Chocolate chip cookies

チョコやナッツをたっぷり混ぜ込んだチョコチップクッキーは、
アメリカンクッキーの代表格。大ぶりなサイズとラフな厚みが魅力です。
ピーナッツバターチョコチップクッキーは厚くしすぎずに、
ほどよく色づくまで焼いてカリッと仕上げるのがおすすめです。
チューウィーダブルチョコチップクッキーは厚みをもたせ、表面はカリッと、
中はチューウィー（しっとりやわらかめ）に焼き上げるのがおいしさのコツです。

作り方：p.72-73

チューウィー
ダブルチョコチップクッキー
Chewy double chocolate chip cookies

ピーナッツバター
チョコチップクッキー

材料（直径8cm 8枚分）

A
| バター（食塩不使用）… 45g
| ピーナッツバター（SKIPPY クリーミータイプ）
| … 45g
| 塩（焼き塩）… 0.8g（小さじ1/6）
グラニュー糖 … 50g
卵 … 25g

B
| 準強力粉 … 65g
| ベーキングパウダー … 0.5g（小さじ1/8）
| ベーキングソーダ … 0.4g（小さじ1/12）
チョコチップ … 80g
ピーナッツ（素焼き）… 50g
牛乳 … 10g

下準備
・バターは指が抵抗なくスッと入るくらいにもどす。
・卵は常温（20〜22℃）にもどす。
・チョコチップは分量から大さじ1をトッピング用に取り分ける。
・ピーナッツは粗く刻み、大さじ1をトッピング用に取り分ける。
・天板にシルパット（またはオーブンペーパー）を敷く。
・オーブンは170℃に予熱する。

1.
ボウルにAを入れてゴムべらでむらなく練り混ぜる。グラニュー糖を2回に分けて加え、その都度混ぜてクリーム状にする。

2.
卵を2回に分けて加え、その都度泡立て器でしっかりと混ぜてなめらかに乳化させる。

3.
Bを合わせてふるい入れる。粉の上からゴムべらで切り込み、生地を底からすくい返し、ボウルを回転させることをくり返して混ぜる（切り混ぜ／p.87）。

4.
粉気が少し残っている状態で生地用のチョコチップとピーナッツを加え、3と同じ要領で切り混ぜして全体に行きわたらせる。

5.
牛乳をまわし入れ、水分が全体に行きわたるまで切り混ぜし、まとめてはボウルにすりつけることを2〜3回くり返して生地を均一な状態にする（フレゼ／p.87）。

6. 生地をボウルの底に均一な厚みに広げ、ゴムべらで8等分にする。ラップをかけて冷蔵庫で30分ほど休ませる。

7. ゴムべらで生地をひとかたまりずつ取り出し、手のひらではさんで軽くすりつぶしてからボール状に丸め、準備した天板に並べる。

8. 手で押さえて直径7cmほどにつぶす。

9. トッピング用のチョコチップとピーナッツをのせ、170℃に予熱したオーブンで13分ほど焼き、160℃に下げてさらに5〜10分焼いてカリッとさせる。形が崩れないように天板のまま網にのせて冷ます。
→やわらかめが好みなら、170℃・13分で焼き上がりとする。

チューウィー ダブルチョコチップ クッキー

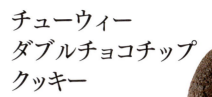

材料（直径8cm 8枚分）
A
├ バター（食塩不使用）… 55g
├ 塩（焼き塩）… 0.8g（小さじ1/6）
グラニュー糖 … 80g
卵 … 30g
B
├ 準強力粉 … 85g
├ ベーキングパウダー … 1g（小さじ1/4）
├ ベーキングソーダ … 0.8g（小さじ1/6）
├ カカオパウダー … 12g
└ シナモンパウダー … 1g（小さじ1/2強）
チョコチップ（ミルク、ダーク）… 合計75g
牛乳 … 10g

下準備
・バター、卵、天板の下準備は左ページの下準備と同様に行う。
・オーブンは180℃に予熱する。

1. 左ページの**1〜3**と同様に材料を混ぜ、粉気が少し残っている状態でチョコチップを加え **ⓐ**、切り混ぜする。牛乳をまわし入れて**5**と同様に混ぜる。

2. **6〜7**と同様に生地を丸め、直径6cm弱につぶし **ⓑ**、180℃に予熱したオーブンで10〜12分焼いて中をしっとりやわらかめに仕上げる。形が崩れないように天板のまま網にのせて冷ます。

ヴィーガンオートミールフルーツクッキー
Vegan oatmeal fruits cookies

加熱しても酸化しにくく、独特の甘い風味が魅力のココナッツオイルを使って、
植物性の材料だけで作ります。かみしめるたびに、オートミール、ドライフルーツ、
ナッツの風味が次々に顔を出します。

材料（直径6.5cm 10枚分）
A
| ココナッツオイル … 45g
| きび砂糖 … 50g
| 塩（焼き塩）… 1g（小さじ1/5）
豆乳 … 30g
B
| 準強力粉 … 55g
| ベーキングパウダー … 0.8g（小さじ1/5）
| ベーキングソーダ … 0.8g（小さじ1/6）
| シナモンパウダー … 0.4g（小さじ1/5）
C
| オートミール … 70g
| ドライクランベリー … 20g
| ピーカンナッツ（無塩）… 35g

下準備
・ココナッツオイルは常温（20～22℃）にもどす。
・ピーカンナッツは粗く割る。
・天板にシルパット（またはオーブンペーパー）を敷く。
・オーブンは180℃に予熱する。

1. ボウルにAを入れて泡立て器で混ぜ合わせ、豆乳を加えてさらによく混ぜて乳化させる。

2. Bを合わせてふるい入れ、粉の上からゴムべらで切り込み、生地を底からすくい返し、ボウルを回転させることをくり返して混ぜる（切り混ぜ／p.87）。

3. 粉気が少し残っている状態でCを加え、2と同じ混ぜ方で全体に行きわたらせる。

4. 生地をボウルの底に均一な厚みに広げ、ゴムべらで10等分にする。それぞれを手のひらではさんで軽くすりつぶしてからボール状に丸め、直径6cmほどにつぶして正円に整え **a**、準備した天板に並べる。

5. 180℃に予熱したオーブンで10～13分焼く。縁がカリッとしたら焼き上がり。形が崩れないように天板のまま網にのせて冷ます。

レモンクリンクルクッキー
Lemon crinkle cookies

チョコレートクリンクルクッキー
Chocolate crinkle cookies

クリンクルクッキー
Crinkle cookies

白い砂糖衣に入るひび割れが
「クリンクル」(しわや折り目の意味)の名の由縁。
オーブンの中で膨らんで亀裂が入る様子を眺めるのが楽しく、
かじるとサクサクの衣の中から甘酸っぱいレモン、
スパイシーなチョコレートの風味がこぼれます。

レモンクリンクルクッキー

材料（直径4cm 12個分）
A
 | バター（食塩不使用）… 25g
 | 粉砂糖 … 25g
 | 塩（焼き塩）… 0.3g（小さじ1/16）
卵 … 16g
レモンの皮（すりおろし）… 1/2個分
レモン汁 … 10g
B
 | 薄力粉 … 65g
 | アーモンドパウダー … 10g
 | ベーキングパウダー … 1.5g（小さじ1/3強）
グラニュー糖、粉砂糖 … 各適量

下準備
・バターは指が抵抗なくスッと入るくらいにもどす。
・卵は常温（20〜22℃）にもどす。
・天板にシルパット（またはオーブンペーパー）を敷く。
・オーブンは180℃に予熱する。

1. ボウルにAを入れ、ゴムべらで練ってクリーム状にする。卵を2回に分けて加え、その都度ゴムべらでよく混ぜてなめらかに乳化させる。レモンの皮と汁も混ぜ込む。

2. Bを合わせてふるい入れ、ゴムべらで粉気がなくなるまで切り混ぜ（p.87）して、均一な状態になるまでフレゼ（p.87）する。ボウルの底に生地を均一な厚みに広げ、ラップをかけて冷蔵庫で1時間休ませる。

3. 生地を12等分にし、それぞれを手のひらではさんで軽くすりつぶしてからボール状に丸める。グラニュー糖をまぶし 、握って密着させる。その上に同様に粉砂糖もつける。バットに並べ、上から軽く押して裏側を平らにし、冷蔵庫で15分休ませる。

4. 準備した天板に並べ 、180℃に予熱したオーブンで8〜10分焼く。亀裂がしっかり開き、開いた部分がやや乾いたら焼き上がり。網に移して冷ます。

チョコレートクリンクルクッキー

材料（直径4cm 12個分）
A
 | ダークチョコレート（カカオ分60％以上）… 50g
 | バター（食塩不使用）… 12g
卵 … 30g
B
 | グラニュー糖 … 15g
 | 塩（焼き塩）… 0.2g（小さじ1/20弱）
牛乳 … 2.5g（小さじ1/2）
C
 | 薄力粉 … 40g
 | アーモンドパウダー … 5g
 | シナモンパウダー … 0.5g（小さじ1/4）
 | ベーキングパウダー … 1.5g（小さじ1/3強）
グラニュー糖、粉砂糖 … 各適量

下準備
・レモンクリンクルクッキーの下準備と同様に行う。

1. 耐熱容器にAを入れて60℃の湯煎で溶かし、人肌くらいに冷ます。

2. ボウルに卵を入れてハンドミキサーでほぐし、Bを2回に分けて加えてその都度攪拌し、牛乳を加えて軽く攪拌する。冷ました1を加えてゴムべらでむらなく混ぜる。

3. Cをふるい入れてレモンクリンクルクッキーの2〜4と同様に作る。

コーヒーケイククッキー
Coffee cake cookies

「コーヒーケイク」といっても
コーヒー風味というわけではなく、
コーヒーと一緒に楽しむお菓子のこと。
生地にクリームチーズとクランブルをのせて
焼くひと手間に、クッキーの語源
「小さなケーキ」が思い起こされます。

材料（直径6cm　6枚分）
【生地】
バター（食塩不使用）… 30g
塩（焼き塩）… 0.6g（小さじ1/8）
きび砂糖 … 35g
卵 … 10g
レモン汁 … 3滴

A
| 準強力粉 … 55g
| カルダモンパウダー … 0.5g（小さじ1/3）
| ベーキングパウダー … 0.5g（小さじ1/8）
| ベーキングソーダ … 0.3g（小さじ1/15）

クリームチーズ … 30g

【クランブル】
バター（食塩不使用）… 15g

B
| グラニュー糖 … 20g
| シナモンパウダー … 0.6g（小さじ1/3）

準強力粉 … 15g

下準備
・生地用のバターは指が抵抗なくスッと入るくらい
　にもどす。
・卵は常温（20〜22℃）にもどす。
・クリームチーズは1cm角に切る。
・天板にシルパット（またはオーブンペーパー）を
　敷く。
・オーブンは180℃に予熱する。

1. ボウルに生地用のバターと塩を入れてゴムべらで練ってクリーム状にし、きび砂糖を2回に分けて加え、混ぜ込む。

2. 卵を加え、泡立て器でしっかりと泡立ててふんわりとしたクリーム状にし、レモン汁を加えて混ぜ込む。

3. Aを合わせてふるい入れ、ゴムべらで粉気がなくなるまで切り混ぜ（p.87）して、ボウルにすりつけることをくり返して生地を均一な状態にする（フレゼ／p.87）。ボウルの底に生地を均一な厚みに広げ、ラップをかけて冷蔵庫で30分休ませる。

4. クランブルを作る。小ぶりなボウルに冷えたバターとBを入れてゴムべらで練り混ぜる。準強力粉を加えてそぼろ状になるまで切り混ぜ（p.87）する **a**。冷凍庫で15分冷やし固め、フォークでかたまりをほぐす **b**。

5. 3を6等分にし、それぞれを手のひらではさんで軽くすりつぶしてからボール状に丸める。軽く押さえて円盤状にし、準備した天板に並べる。中心を指でくぼませ **c**、クリームチーズをのせて4をたっぷりとのせる **d**。押さえて生地に密着させ、周囲にこぼれた分は生地の縁に寄せ集める **e**。
➡ 焼いている間に生地が広がって集めたクランブルと一体化する。

6. 180℃に予熱したオーブンで13〜15分焼く。全体にほどよい焼き色がついたら焼き上がり。形が崩れないように天板のまま網にのせて冷ます。

ピーカンバターボール

Pecan butter balls

口の中でほろほろとほどける生地の中には香ばしいナッツがたっぷり。
真っ白に覆う粉砂糖の甘さもこのクッキーに欠かせない要素のひとつ。
このような粉砂糖をまとった丸いクッキーは、アメリカでは
「メキシカンウェディングケイク」、「ロシアンティーケイク」、「スノーボール」
などの名でも親しまれています。

材料（直径4cm 12個分）
A
| バター（食塩不使用）… 75g
| 塩（焼き塩）… 0.4g（小さじ1/12）
| きび砂糖 … 20g
薄力粉 … 90g
ピーカンナッツ（無塩）… 55g
粉砂糖 … 適量

下準備
・バターは指で押すと軽い抵抗を感じながらも中に入り、中心に冷たさが残るくらいにもどす。
・ピーカンナッツは160℃のオーブンで10分ほど焼き（またはオーブントースターで軽く焼く）、冷まして3〜4mm大に刻む ⓐ。
・粉砂糖はラップを敷いたバットに入れる。
・天板にシルパット（またはオーブンペーパー）を敷く。
・オーブンは170℃に予熱する。

1. ボウルにAを入れてゴムべらで練ってクリーム状にする。

2. 薄力粉をふるい入れ、粉の上からゴムべらで切り込み、生地を底からすくい返すことをくり返して粉気がなくなるまで混ぜる（切り混ぜ／p.87）。

3. 生地をひとまとめにし、ゴムべらで少しずつ崩してボウルの内側にすりつける。まとめてはすりつけることを2〜3回くり返す（フレゼ／p.87）。生地をボウルの底に均一な厚みに広げ、ラップをかけて冷蔵庫で30分休ませる。

4. 3を12等分にし、それぞれを手のひらではさんで軽くすりつぶしてからボール状に丸める。準備した天板に並べ、上から軽く押して裏側を平らにする。

5. 170℃に予熱したオーブンで15分焼き、160℃に下げてさらに10〜15分焼く。全面に薄茶色の焼き色がついたら焼き上がり。天板のまま網にのせて5分おく。

6. 粉砂糖の入ったバットにまだ温かい5を入れ、両手でラップを持って転がしてまぶし、手で握って粉砂糖を密着させる ⓑ。そのまま冷めるまでおき、仕上げにさらに茶漉しで粉砂糖をふるいかける。

ココナッツマカルーン
Coconut macaroons

「マカロン」はナッツの粉と卵白、砂糖で作るお菓子を広く指し、
「マカルーン」はその変化形ともいえるアメリカの定番菓子。
小麦粉を使わず、コンデンスミルクで甘みづけとコク出しを同時に行う手軽さが魅力。
意外なおいしさに驚かれるかもしれません。

材料(高さ3.5cmの三角錐 12個分)
ココナッツファイン … 90g
コンデンスミルク … 70g
卵白 … 17g
塩(焼き塩)… 1g(小さじ1/5)
バニラエクストラクト … 0.5g(小さじ1/8)
コーティング用チョコレート … 50g

下準備
・コーティング用チョコレートは5mm大に刻む。
・天板にシルパット(またはオーブンペーパー)を敷く。
・オーブンは160℃に予熱する。

1. ボウルにココナッツファインとコンデンスミルクを入れ、ゴムべらでそぼろ状になるまで混ぜ合わせる **ⓐ**。

2. 間口が狭くて深い容器に卵白と塩を入れ、ハンドミキサーで泡立ててぴんとツノが立つメレンゲにする **ⓑ**。
   ➡ 卵白の量が少ないのでボウルでは泡立てにくい。ハンドミキサーの羽根は1本でよい。

3. 1に2とバニラエクストラクトを加え、ゴムべらでむらなくしっかりと混ぜ合わせる **ⓒ**。

4. 生地を12等分にし、それぞれをラップで茶巾絞りの要領でぎゅっとまとめる。ラップをはがして準備した天板に並べ、ゴムべらと指で三角錐の形に整える **ⓓ**。

5. 160℃に予熱したオーブンで15〜20分焼く。表面にしっかり焼き色がついたら焼き上がり。形が崩れないように天板のまま網にのせて冷ます。

6. 耐熱容器にコーティング用チョコレートを入れて60℃の湯煎か電子レンジで溶かす。混ぜながら軽いとろみがつくまで冷まし、5の底につける **ⓔ**。オーブンペーパーの上に並べて涼しい場所に置き、固める。

SABLÉS
BISCUITS
COOKIES

サブレ／ビスケット／クッキー作りのABC

本書のお菓子作りの基本

お菓子作りには大切な基本事項がいくつかあり、
それを知っておくだけで味や食感だけでなく、
仕上がりの姿形もワンランクアップします。
ぜひ作り始める前にお読みください。

1. 分量と計量

　この本のでき上がり量の基本は、ご家庭のこぢんまりとした台所で、お菓子作りがはじめての方でも生地を無理なくのばせて天板1枚で焼ける量にしてあります。作ってみて気に入ったら、分量を1.5倍、2倍に増やしてお作りください。

　でき上がり量が少なめのため、材料の分量に小数点以下の数値があります。計量には0.1g単位ではかれるデジタルキッチンスケールをお使いください。

　小数点以下の計量が難しい方のために、右の表をもとに算出した小さじ容量を材料欄に書き添えました。厳密な換算ではないため、あくまでも目安と考えていただき、できるだけ重量で計測してください。特に、塩は入れすぎに注意してください。

材料	小さじ1 （5mℓ）	ひとつまみ （指3本）
焼き塩	約5g	約0.3g
フルール・ド・セル	約4g	約0.5g
ベーキングパウダー	約4g	―
ベーキングソーダ	約5g	―
シナモンパウダー	約1.8g	―
ジンジャーパウダー	約1.8g	―
カルダモンパウダー	約1.4g	―

材料はそれぞれ比重が異なるため重量（g）も異なります。焼き塩とフルール・ド・セルは水分やミネラルの量の違いから重量が異なります。焼き塩は湿り気のないサラサラとした自然塩、フルール・ド・セルはゲランド産の場合です。

2. バターと卵の温度調節

　お菓子作りでは、材料を混ぜる前に、あらかじめ材料の温度を適温に調節する下準備が欠かせません。特に注意が必要なのが、冷蔵庫で保存しているバターと卵です。

▶常温は20～22℃

　材料の温度調節には作業する部屋の温度が深くかかわってきます。この本のレシピでは、部屋の温度を「常温」という言葉で表し、「常温＝20～22℃」の条件のもとですべての作業を行うことを前提にしています。

▶バターの温度調節

　この本のサブレ、ビスケット、クッキーの生地に使用するバターは、冷蔵庫から出したての冷たくてかたい状態ではなく、レシピに応じて右の表の3つの状態にもどしてから使います。触れた感触や温度を目安にしてください。

　温度の調節方法は、必要量を1～1.5cm厚さに切り出してラップに包んで常温におきます。時間がないときや寒い時期は電子レンジを利用します。耐熱ボウルに入れてラップをふわりとかけ、低出力（200W）で様子を見ながら5～10秒ずつ加熱します。

かたさ	触れた感触	温度
やわらかめ	指で押すと抵抗なくバターの中にスッと入る	23～24℃程度 （常温より高い）
適度に やわらかい	指で押すと中に入るけれど軽い抵抗を感じ、中心に冷たさが残る	20～22℃程度 （常温程度）
かため	指で強く押すと中までは入らず表面がへこむ	18～19℃程度 （常温より低い）

▶卵の温度調節

　冷蔵庫から出したての冷たい卵は他の材料と混ざりにくいため、常温（20～22℃）にもどします。

　手順は、殻を割って必要に応じて卵黄と卵白に分け、溶きほぐしてから計量してボウルに入れ、ラップをかけて常温におきます。時間がないときや寒い時期は、ぬるめの湯煎（約40℃）にかけます。

3. 食感を作る3つの技法

サブレ、ビスケット、クッキーの生地作りは、「クレマージュ法」「サブラージュ法」「溶かしバター法」のいずれかで行います。3つの技法の違いはバターの状態です。バターの状態を変えることで異なる食感を作り出します。

【 クレマージュ法 】

バターを常温にもどしてクリーム状にし、そこに砂糖と卵を加えてしっかりと乳化させ、小麦粉を加える方法です。空気を含む分、サクサクとしてやわらかさのある食感に仕上がります。この本のサブレの章の多くはクレマージュ法で作っています。

【 サブラージュ法 】

少し冷たさが残るくらいのかためのバターに粉類を合わせてそぼろ状にし、そこに卵などの水分を含む材料や砂糖を加える方法です。小麦粉と水分が直接結びつくとグルテンが形成されて粘りが出やすくなるため、水分と結びつく前に油脂でコーティングしてグルテンの形成を抑えるのです。生地の結合が弱いので、ほろほろ、あるいはザクザクと崩れる食感に仕上がります。この本のダイジェスティブビスケット(p.40)、デヴォンフラット(p.50)はサブラージュ法で作っており、フードプロセッサーを使うサブレディアマン(p.20)もサブラージュ法の一種です。

【 溶かしバター法 】

バターを液状に溶かして糖類や粉類と混ぜ合わせる方法です。いったん液状になったバターは攪拌しても空気を抱き込むことはなく、粉類にしみ込んでいきます。ガリッとかたく仕上がるのが特徴で、薄くのばしたり膨張剤を配合して食べやすい食感を作り出します。この本のオートミールビスケット(p.52)、ジンジャーナッツ(p.54)は溶かしバター法で作っています。

フードプロセッサーで生地作り

サブラージュ法で作る生地にはフードプロセッサーが利用できます。この本では、サブレディアマン(p.20)で使用しました。

▶フードプロセッサーを使う利点

粉をふるい合わせる必要がなく、手で混ぜる工程が大幅に減り、作業時間も大幅に短縮でき、使う道具が最小限ですみます。

よりほろほろ、サクサクとした食感に仕上がるのも魅力です。特に、粉類に対してバターの配合比が多いサブレディアマンのような生地は、手で混ぜると時間がかかってバターが溶け出しやすく、途中で生地を冷やす時間も必要になるためフードプロセッサー向きです。

▶使うときの注意点

ドライフルーツ、ナッツ、チョコチップなどの具材入りの生地、そして粉類に対して卵や牛乳などの水分の配合比が多い生地は、具材や水分を加える前までをフードプロセッサーで行い、具材や水分はボウルに取り出してからゴムべらなどで混ぜるようにします。すべてをフードプロセッサーで行うと、具材の形が崩れたり、生地がどろどろになったりするためです。

攪拌しすぎにも注意してください。攪拌時間が長くなると機械の熱で生地が温まってしまいます。

生地の混ぜ方 4.

お菓子作りにはいろいろな混ぜ方がありますが、サブレ、ビスケット、クッキー作りで要になる混ぜ方は、「切り混ぜ」と「フレゼ」です。

【切り混ぜ】

バター、砂糖、卵などに粉類を合わせるときの効率のよい混ぜ方で、次の1〜4の手順で行います。途中でボウルやゴムべらに付着した材料を落としながら作業しましょう。
1. ゴムべらで粉の上から刻むように切り込む **a**。
2. ボウルを手前に回しながら、ボウルの底から生地をすくい上げる **b**。
3. 手首を返してすくい上げた生地を落とす。
4. 粉気がなくなるまで1〜3をくり返す **c**。

【フレゼ】

生地内の材料同士をしっかりと結合させて一体化させるための混ぜ方で、次の1〜3の手順で行います。作業台に生地を取り出して手のひらでこすりつけるやり方もありますが、本書のレシピは生地量が少なめなのでボウルの中でゴムべらを使って行います。
1. 生地をボウルの中央にひとまとめにする **a**。
2. 少しずつ崩してボウルの内側にすりつけて薄くのばす **b**。
3. すべてすりのばして中央のかたまりがなくなったら **c**、再び1〜2を2〜3回＊くり返す。
＊回数が多すぎると生地が温まってダレるうえ、グルテンが出て焼き上がりがかたくなるので注意。

【切り混ぜ】

【フレゼ】

5. 生地ののばし方のコツ

　サブレとビスケット作りでは、麺棒で生地をのばす作業が欠かせません。きれいにのばすコツをご紹介します。

▶生地を冷蔵庫で冷やす
　混ぜ上げ直後の生地は室温や体温の影響で温まり、やわらかくなっていて扱いにくいため、いったん冷蔵庫で冷やします。

▶冷えすぎはのばしにくい
　冷えすぎてかたく締まった生地はのばしにくいので、冷蔵庫から出したら麺棒で叩いて少しやわらかくします。叩くと温度を上げすぎずに適度なかたさにできます。

▶作業台や麺棒へのくっつきを防ぐ
　生地は作業台や麺棒にくっつきやすいため、この本では生地の下にはオーブンペーパーを敷き、生地の上にはラップをかけてのばします。上をラップにする理由は、生地の様子が見えるから。
　オーブンペーパーは表面がつるつるして生地に付着しない反面、作業台の上ですべってずれやすいため、この本ではオーブンペーパーの下にシルパット（ビニールシートでも可）を敷いてすべり止めにしています。

▶打ち粉をふる
　生地を手際よくきれいにのばすためにはオーブンペーパーに付着させないことが大切なので、ペーパーに打ち粉をふります。打ち粉はあれば強力粉、なければ生地に使用している小麦粉を使ってください。量が多すぎると風味や食感に影響が出るので最小限にとどめ、余分な粉は刷毛で払います。

▶ルーラーで均一な厚みにする
　ルーラーを使うと簡単に生地を均一な厚みにのばせます。生地の両脇に求める厚さのルーラーを置き、最初は生地を麺棒で叩いて厚みを大まかに薄くし ⓐ、ルーラーの厚みに近づいたらルーラー上で麺棒を転がします ⓑ。
　少ない手数でのばせるので作業時間を短縮でき、生地がダレにくくなります。ルーラーの代わりに木材や雑誌などを利用してもよいでしょう。

▶オーブンペーパーで包んで定寸にのばす
　のばした生地をナイフで切り分けるレシピの場合は、求めるサイズどおりに折ったオーブンペーパー（写真右）で生地を包んでのばすと無駄が出ません。以下の手順で行います。
1. オーブンペーパーを開いて大まかにのばした生地を入れ、再び折って生地を包む ⓐ。
2. 1を裏返し、ペーパー越しに麺棒をかけて隅々まで生地を広げる ⓑ。

6. 型抜き、切るときのポイント

サブレやビスケットの魅力は形にもあります。型で抜いたりナイフで切るときのコツをご紹介します。

▶ **生地を冷やす**

やわらかくてベタついている生地は型抜きしにくく、きれいに仕上がりません。やわらかいと感じたら冷凍庫で5〜10分冷やしてください。

型で抜いたときに生地が型にくっついてすぐに外れるのが理想的な状態です。ナイフで切る場合は、さらにややかために調整してください。

▶ **型に打ち粉をつける**

型に打ち粉（強力粉または生地に使用した小麦粉）をつけ（写真）、余分な粉を刷毛で払い落としてから抜くと、生地離れがよくなります。

▶ **無駄が出ないように抜く**

抜く配列や型の向きを工夫して、生地の切れ端が最小限になるように型抜きします（写真）。

▶ **印をつけて刃渡りの長いナイフで切る**

ナイフで切る場合は、切る前に定規ではかって切る箇所に印をつけます。切り方のコツは、刃渡りの長いナイフを上から真下におろし、前後に動かさずにスパッと切ります（写真）。ギコギコと動かすと切り口が荒れて形がゆがみます。刃についた生地はその都度ふき取りましょう。

▶ **切れ端は再利用する**

残った切れ端は寄せ集めてのばし直し、再び型抜きして使います。型で抜けるほどの量が残っていなければ、手で丸めて薄く整えます。

▶ **好みの型を使う**

レシピで指定している型に限らず、お好みの形、サイズでお楽しみください。型がなければコップや茶筒などを利用してもよく、ナイフやピザカッターで切ってもよいのです。

7. 手で整えるコツ

この本には、生地を手で丸く整えるレシピも数多く登場します。麺棒や型を使わずに作れる気軽さが魅力です。

手で整えるときのコツは、生地をいったん手のひらではさんで軽くすりつぶして ⓐ から丸めること。軽くすりつぶすことにより、中に入った空気が抜けて材料同士がよくなじみ（簡易的なフレゼ）、表面がきれいに整います。

丸め終わったら求めるサイズに平たくし、正円に整えます ⓑ。

8. 絞り袋の扱い方と絞り方のコツ

絞って形作るサブレの曲線には独特な優美さがあり、挑戦したい方も多いのではないでしょうか。絞り袋の扱い方と絞り方のコツを説明します。

1. 絞り袋の中に口金を入れ、先端にぎゅっと押し出して固定する。
2. コップなどに挿して袋の口を外側に折り返し、生地を入れる**a**。
3. 袋越しにカードで生地を先のほうに押し出す**b**。
4. 口をしっかりとねじり、親指に巻きつけて持ち、もう片方の手を先に添える**c**。
➡ 手が温かい人は生地が温まるのを防ぐために軍手をする。
5. 天板からあまり離さず、1.5〜2cm程度の高さから絞る**d**。

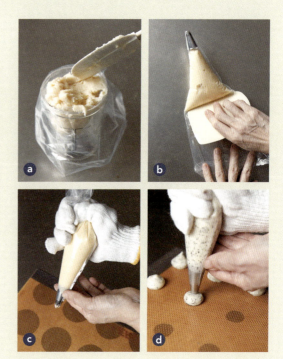

9. 生地を休ませる目的

サブレ、ビスケット、クッキー作りでは、生地を休ませる場面が何度も出てきます。「休ませる」とは、生地を冷蔵庫に一定時間入れておくことを指します。休ませるおもな目的は3つあります。

・脂（バター、ココナッツオイル）を冷やし固めて生地のベタつきを抑えて、のばしたり抜いたりしやすくする。
・時間をおくことで生地内の材料同士をなじませて味を一体化させる。
・低温下に一定時間おくことでグルテンの粘弾性（粘り）を抑えて、焼成時に形がゆがまないようにする。

10. 焼くときのポイント

　この本では、家庭用のガスコンベクションオーブンを使って焼いています。熱のまわり方は機種や熱源によって変わり、お菓子の焼き方や色づき方も変わります。レシピの焼成温度や時間は目安と考えていただき、色づき方など状態の変化を注意深く見て、温度や時間を調節してください。

▶オーブンの予熱

　予熱とは、お菓子をオーブンに入れる前にオーブン庫内の温度を上げておくことを指します。オーブンは扉を開けると庫内の温度が下がり、さらに冷蔵庫で冷やした生地や天板が入ることによっても温度が下がるため、それを見越してあらかじめ熱しておくのです。

　低すぎる温度で生地を焼き始めると生地の表面が焼き固まる前に油脂が溶け出してシャープな形にならず、こんもりとした高さが出ません。

　家庭用の小型オーブンをお使いで、焼き上がりの形にシャープさが足りないとお感じなら、予熱温度をレシピ記載よりも10〜20℃高めに設定することをおすすめします（焼成温度はレシピどおりに）。ただし、オーブンを連続使用する場合は庫内が温まっているのでこの限りではありません。

　予熱にかかる時間は機種や熱源によって変わります。生地を待たせないように逆算して予熱を開始してください。また、温度低下を最小限に抑えるために、扉の開け閉めは素早く行い、開閉回数を最低限に抑えます。

▶オーブンシートの特性と使い分け

　型に入れて焼くお菓子以外は天板にシートを敷き、その上に生地を並べて焼きます。この本では下の2種類の製菓用シートを使い分けています。なければオーブンペーパーを使ってください。

【 シルパン 】

　メッシュ加工されたグラスファイバー製のシートです。作業時や焼成中にオーブンペーパーのようにめくれ上がる心配がありません。また、焼成中にメッシュの隙間から余分な水分や油分が落ちるため、次のような利点があります。
・生地がいびつな膨らみ方をせず、型抜きしたとおりの形にきれいに膨らむ
・さっくりと軽く焼き上がる
・シルパットやオーブンペーパーよりも火通りがよい

【 シルパット 】

　シリコン製のシートです。この本ではシルパンが使えない生地（焼成中にキャラメルやチョコレートなどが溶け出してメッシュに詰まってしまうタイプ）に使用しています。めくれる心配がないことはシルパンと同様で、それ以外に次のような利点があります。
・シルパンよりもお菓子の裏側がきれいに平らに焼け、はがしやすい

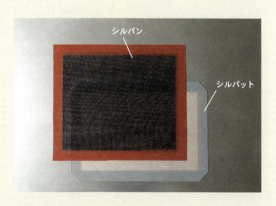

▶生地の並べ方

　天板に生地を並べるときは、最低2cmほど間隔をあけるのが理想です。間隔をあけると熱が対流しやすくなり、側面もきれいに焼けます。生地の種類によっては横に広がったり膨らんだりするため、生地が厚いもの、大きなものはさらに間隔をあけます。

▶途中で温度を下げる理由

　厚みのあるもの、大ぶりなものなどを家庭用小型オーブンでむらなくきれいに焼き上げるには、焼成途中でオーブンの温度を下げます。焼成の前半は高めの温度で表面を焼き固め、後半は温度を下げて表面を焦がさずに中までしっかりと火を通すのです。機種によって熱のまわり方や色づき方に差があるため、温度を下げるタイミングは様子を見て調節してください。

▶焼きむら

　オーブンは機種によって庫内に熱のまわりが悪い場所があり、焼きむらが生じます。むらがある場合は、生地が完全に膨らんで形と高さが決まった時点で天板の向きを変えたり、焼けているものと焼けていないものの位置を入れ替えたり、焼けたものから取り出すなどします。ただし、熱いと変形しやすいもの、シートに生地がくっついているものは位置の入れ替えや取り出しができません。

　また、生地の厚みが均一でない場合は薄い部分が色づきやすく、生地の細い部分や角などもより早く色づきます。

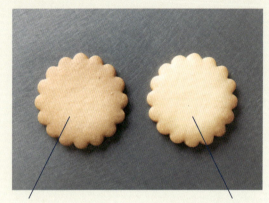

○ 色づきのよいもの　△ 色づきがよくないもの
全体が均一に　　　　色づきにむらがあり、
色づいている　　　　白い部分が多い

11. 冷まし方

サブレ、ビスケット、クッキーは、焼きたてはわずかに膨らんでやわらかく、冷めるにつれて水分が蒸発してしぼんでかたくなります。冷まし方は、脚付きの網やケーキクーラーにのせて熱と余分な水分を逃がしながら行いますが、右に記したようにお菓子によって冷まし方が変わります。なお、熱い菓子、天板、シートに触れる際は、やけどしないように軍手をはめます（天板の場合は二重にする）。

▶ お菓子を網にのせて冷ます
・触れても形が崩れたりゆがんだりしないもので、シートにくっついていないもの

▶ 天板ごと網にのせて冷ます
・形が崩れやすいもの

▶ シートごと網にのせて冷ます
・シートにくっついていてはがしにくいもの

▶ オーブン庫内で冷ます
・かなり厚みのあるもの（余熱で火を通す）
・色づけたくないもの（余熱で火を通す）
・できるだけ水分を蒸発させて日持ちをよくしたいもの（余熱で乾かす）

12. 賞味期間と保存方法

▶ お菓子の賞味期間の目安
　お菓子が完全に冷めたら、食べきれない分は放置せず、酸化を防ぐために密閉できる容器に乾燥剤とともに入れて、下の表を参考にして保存してください。

▶ 生地の保存
　生地の保存はアイスボックスタイプ（サブレディアマン・p.20、サブレオランデ・p.24）以外はおすすめしません。アイスボックスタイプの生地は、円柱状または棒状に成形したものをラップなどでしっかり包んで（写真）冷凍保存します（冷蔵保存はおすすめしません）。保存期間は約1か月。ナイフで切れる程度に冷蔵庫で解凍します。

	賞味期間	注意点
常温保存	5日～1週間	室温が高い場合、ナッツやドライフルーツ入り、焼きのあまいソフトタイプ、ジャムやチョコレートを塗ったりはさんだりしたものは3日が目安
冷蔵保存	7～10日間 常温にもどして食べる	ナッツやドライフルーツ入り、焼きのあまいソフトタイプ、ジャムやチョコレートを塗ったりはさんだりしたものは4～5日が目安
冷凍保存	1か月 冷蔵庫で解凍後、オーブントースターや160℃のオーブンで5～10分温め直す	ジャムやチョコレートを塗ったりはさんだりしたものは再加熱できないので冷凍保存しない

本書のおもな材料

【小麦粉】
薄力粉と準強力粉をおもに使用。薄力粉はタンパク質の含有量が少なく、軽い食感に仕上げたいお菓子に適し、準強力粉は薄力粉よりもタンパク質の量が多く、その分グルテンが出やすく、歯ごたえを出したいお菓子に適しています。この本では薄力粉はヨーロッパタイプの焼き菓子に向く「エクリチュール」を、準強力粉は「リスドオル」を使っています（どちらも日清製粉）。準強力粉がない場合は、薄力粉と強力粉を4：6の割合で混ぜたもので代用してください。

【バター】
サブレには発酵バター、それ以外には非発酵のバター、どちらも食塩不使用のものを使用。発酵バターは製造過程で乳酸菌が加えられており、コクがあって風味がよいのが特徴。お好みで使い分けてください。

【卵】
鶏卵はサイズにより重量が異なり、標準的なMサイズが卵黄20g前後、卵白30g前後。必要に応じて卵黄と卵白に分け、溶きほぐして均質な状態にしてから計量します。新鮮なもの、特に卵黄は割りたてのものを使います。

【砂糖】
きび砂糖、グラニュー糖、粉砂糖を使用。きび砂糖はさとうきびのミネラル分が一部残っているためコクがあり、色は薄茶色。グラニュー糖は精製度が高いため、甘みがすっきりとして白色で、結晶粒がしっかりしているので生地内で溶けきらず、ガリッとした食感を出せます。食感を残したくない場合は粒の細かい「細目グラニュー糖」を使います。粉砂糖はグラニュー糖をパウダー状に加工したもので、口溶けのよさが特徴。湿気を吸いやすいため、ダマがあればふるって使います。

【塩】
お菓子の甘みや個々の材料の風味を引き立てるために微量を使います。ほとんどのお菓子には、自然塩の焼き塩（「伯方の塩 焼塩」「瀬戸のほんじお 焼き塩」「天塩やきしお」などの粒子が細かくサラサラしたものが微量の計量に適している）を使用。フランス北西部にルーツを持つお菓子には、ゲランドのフルール・ド・セルを使用。ミネラル分が多く、水分を含んでしっとりとしており、焼き塩に比べて塩味がまろやかです。

【ベーキングソーダ】
【ベーキングパウダー】
どちらも炭酸ガスを発生させて生地を膨らませる膨張剤で、主原料は炭酸水素ナトリウム（重曹）。ベーキングソーダは原料の99％以上が重曹。重曹は苦みや独特のアルカリ臭があり、生地を黄ばませ、酸性の材料（バター、卵黄、小麦粉など）が足りないと効果が出にくく、使う量の加減が難しい材料ですが、適切な量を見きわめれば焼き色が濃くなり、独特の香ばしい風味を出せます。加熱時に横に広がって膨らむ特徴があります。
ベーキングパウダーは重曹の欠点を補うために、酸性剤（苦みを抑えてガスの発生の反応をよくする）とコーンスターチ（酸とアルカリを遮断する分散剤の役割）が添加されており、水分に触れたときと加熱したときの2回反応して縦方向に膨らむのが特徴。酸性剤にみょうばんを使わないものが「アルミニウムフリー」といわれます。
ベーキングソーダは加熱するまではガスが発生しにくいので、生地をねかせても効果が持続しますが、ベーキングパウダーは水分に触れると膨張が始まるため、生地の状態で長時間おくと効果が弱まります。
本書には、焼き色を濃くしたり特有の風味を出す効果をねらって両方を併用したレシピもあります。

【ゴールデンシロップ】
さとうきびから砂糖を作る過程の副産物を加工したもので、琥珀色でとろりとしたシロップ状。キャラメルに似た独特の風味があります。イギリスではちみつの代用品として開発され、多くのイギリス菓子に使われています。この本でもビスケットに使い、カリカリとしたかたさのある食感とイギリス菓子らしい風味を出しました。イギリス製の「テイト＆ライル ゴールデンシロップ オリジナル」を使っています。

【バニラエクストラクト】
バニラビーンズを水とアルコールに浸してエキスを抽出したもの。化学香料、薬品無添加の「アリサン バニラエクストラクト」を使っています。バニラオイルで代用できますが、製品によって香りに差があるため量を調整してください。

【 チョコレート 】
ダークチョコレートとホワイトチョコレート、チョコチップを一部のお菓子に使用。仕上げに塗って使う用途には、カカオバター以外の油脂を加えて作業性をよくしたコーティング用チョコレートを使っています(テンパリング不要)。

【 カカオパウダー 】
カカオマスからカカオバターを取り除き、粉末状にしたもの。乳製品や糖類を添加していないピュアココアで代用できます。

【 ココナッツオイル 】
ココナッツの胚乳からとれる油脂。ココナッツ特有の甘い香りとコクがある、未精製のエキストラバージンココナッツオイル(ブラウンシュガーファースト社)を使用。20℃以下で白色に固まり、25℃以上で溶ける特性を持ち、ヴィーガン対応のお菓子などでバターの代用品として注目されています。植物油脂の中で最も加熱による変質が起きにくく、長期保存が可能。

本書のおもな道具

【 デジタルキッチンスケール 】
0.1g単位で計量できるものが必要。容器の重さを引ける機能がついたものが便利です。

【 ボウル 】
生地を混ぜるために使っているのは直径20cmのもの。ひとまわり小さい直径14cm程度、副材料の下準備用にさらに小ぶりなものも用意してください。電子レンジにかけられる耐熱ガラス製が便利。

【 泡立て器 】
生地やクリームに空気を含ませる、生地の粒の大きさやきめをそろえるときに使います。手になじむサイズを選び、材料の量が少ない場合はミニホイッパーを使用。

【 ゴムべら 】
生地を切るように混ぜる、押しつけて生地をまとめる、ボウルに残ったものを余さずすくい取る、生地の形を整えるときなどに使います。ゴム製はしなり具合にコシがあり、シリコン製は高温に耐えられます。

【 ハンドミキサー 】
卵白を泡立ててメレンゲにする、全卵入りの生地に空気をしっかりと含ませる、生クリームを泡立てるときに使っています。

【 フードプロセッサー 】
バターの配合量の多いサブラージュ法の生地作りを、短時間でよりよい食感に仕上げるために使っています(サブレディアマン・p.20)。

【 ルーラー 】
生地を均一な厚みにのばすために使用。詳しくはp.88の「ルーラーで均一な厚みにする」を参照。

【 シルパン／シルパット 】
どちらも天板に敷いて使うオーブンシート。詳しくはp.91の「オーブンシートの特性と使い分け」を参照。

【 抜き型 】
直径4.5cmの菊型から長径7.5cmの舟型まで、さまざまな大きさ、形の抜き型を使っています。レシピ記載のものに限らず、好みのものを使ってください。

【 口金 】
絞り袋の先につけて使う道具。写真左の8切星口金(#5)はサブレヴィエノワ(p.30)に、右の丸口金(#7)はアールグレイ風味のラング・ド・シャ(p.34)に使っています。リュネット・ド・ロマン(p.18)では、生地に穴をあけるために口金の付け根を利用しています。

【 ビスケット(クッキー)スタンプ 】
ビスケットやクッキー生地に押しつけて文字や模様をつけるための市販の刻印。写真手前のアルファベットの刻印はさまざまなサイズがあり、単語にしたときに使いたい型におさまるサイズを選び、文字の配列は鏡映しのように逆にします。写真奥の丸いタイプは、型抜きと刻印が同時に行えるもの(ヨーロッパのネット通販で購入)。

青山 翠（あおやま みどり）

菓子研究家、CAP パティシエ（フランス国家資格）。東京生まれ、フランス・ボルドー在住。パリで製菓、ロンドンでテーブル装飾を学ぶ。東京とボルドーで日仏の食文化の紹介、製菓レッスンをしている。著書に『フランス生まれのキャラメルナッツ プラリーヌ』（文化出版局）がある。
Instagram @ le_vent_des_coquelicots

サブレ、ビスケット、クッキー
天板1枚から焼ける、本場の味わい

2024年11月20日　第1刷発行

著　者　青山 翠	デザイン　福間優子
発行者　木下春雄	撮　　影　邑口京一郎
発行所　一般社団法人 家の光協会	スタイリング　駒井京子
〒162-8448	編　　集　美濃越かおる
東京都新宿区市谷船河原町11	協　　力　五十嵐美紀子
電話　03-3266-9029（販売）	校　　正　安久都淳子
03-3266-9028（編集）	DTP 製作　天龍社
振替　00150-1-4724	撮影協力　UTUWA
印刷・製本　株式会社東京印書館	

乱丁・落丁本はお取り替えいたします。
定価はカバーに表示してあります。
本書のコピー、スキャン、デジタル化等の無断複製は、
著作権法上での例外を除き、禁じられています。
本書の内容の無断での商品化・販売等を禁じます。

©Midori Aoyama 2024 Printed in Japan
ISBN978-4-259-56820-7　C0077